ONE
FOR
ONE

用一双鞋改变世界
Start Something
That Matters

（美）布雷克·麦考斯基 / 著　　赵习群 / 译

新华出版社

图书在版编目（CIP）数据

用一双鞋改变世界 /（美）麦考斯基著；赵习群译.
—北京：新华出版社，2016.5
书名原文：Start something that matters
ISBN 978-7-5166-2506-4

Ⅰ.①用… Ⅱ.①麦… ②赵… Ⅲ.①制鞋工业－工
业企业管理－经验－美国 Ⅳ.①F471.268

中国版本图书馆 CIP 数据核字（2016）第 096548 号
著作权合同登记号：01-2016-2751

Start Something That Matters

By Blake Mycoskie

This translation published by arrangement with Spiegel & Grau, an imprint of
Random House, a division of Penguin Random House LLC

ALL RIGHTS RESERVED

简体中文出版权归新华出版社

用一双鞋改变世界

作　　者：（美）麦考斯基
译　　者：赵习群

责任编辑：蒋小云		封面设计：中尚图	
责任印制：廖成华		责任校对：刘保利	

出版发行：新华出版社
地　　址：北京石景山区京原路8号　　邮　　编：100040
网　　址：http://www.xinhuapub.com　http://press.xinhuanet.com
经　　销：新华书店
购书热线：010-63077122
中国新闻书店购书热线：010-63072012

照　　排：中尚图
印　　刷：北京精乐翔印刷有限公司
成品尺寸：210mm×145mm
印　　张：6.75　　　字　　数：135千字
版　　次：2016年5月第一版　　印　　次：2016年5月第一次印刷
书　　号：ISBN 978-7-5166-2506-4
定　　价：36.00元

所谓成功

常常大笑，时时深爱，

赢得智者的爱戴，

换来孩子的崇拜。

诚恳的评论者也会欣赏你的作为，

即使被虚情假意的朋友背叛也不会后悔。

懂得欣赏美，

能够寻找到他人的优点，

世界因你而有一点点改善，

或是因为你培养的品格健全的孩子，

或是一块小花园，抑或被你改变的社会状况。

只要知道有一个人能够畅快地呼吸，

只是因为你的存在，

这就已算成功至极。

序

当 Blake 找我为这本书写序的时候，我是惊喜的。为与自己心灵相契的事情点个赞！哈哈。

我一直欣赏 TOMS 所坚持的 One for One 的理念，每售出一双鞋子就会有一位需要鞋子的儿童得到一双免费的鞋子。他将得到的再给予他人，帮助这个世界上需要帮助的人，也正是他的善良和坚持为他赢得了现在的成功事业。

我们来看一看 Blake 怎么说关于：信任，创意和给予。希望 TOMS – One for One 更广结善缘。

周迅

2016 年 3 月于北京

目 录

Contents

作者手记

各位朋友：

    写作此书的初衷非常简单。我希望讲述自己创办 TOMS 公司的过程，以及在此期间个人的感受与收获，同时也和大家一起分享，一路走来，我从同行的众多企业家和社会活动家那里学到的经验与财富。本书同样讲述了他们的故事，希望能够启发、激励，甚至挑战各位一起参与到商业与慈善相结合的模式中来，为给世界带来真正的改变一起努力。

    除了分享故事与经验之外，我还打算分享获利：本书收入的一半将会通过"着手要事基金会"（Start Something That Matters）资助那些胸怀抱负而缺少资金的人们。如果本书果真能够督促大家参与到改善世界的活动中来，我将深感欣慰，因为这就是我毕生所追逐的梦想。

不胜感激！

闲话少说，让我们即刻出发，开始这伟大的旅程吧！

抓住时机，马上行动

2011 年 7 月 7 日

写于科罗拉多山

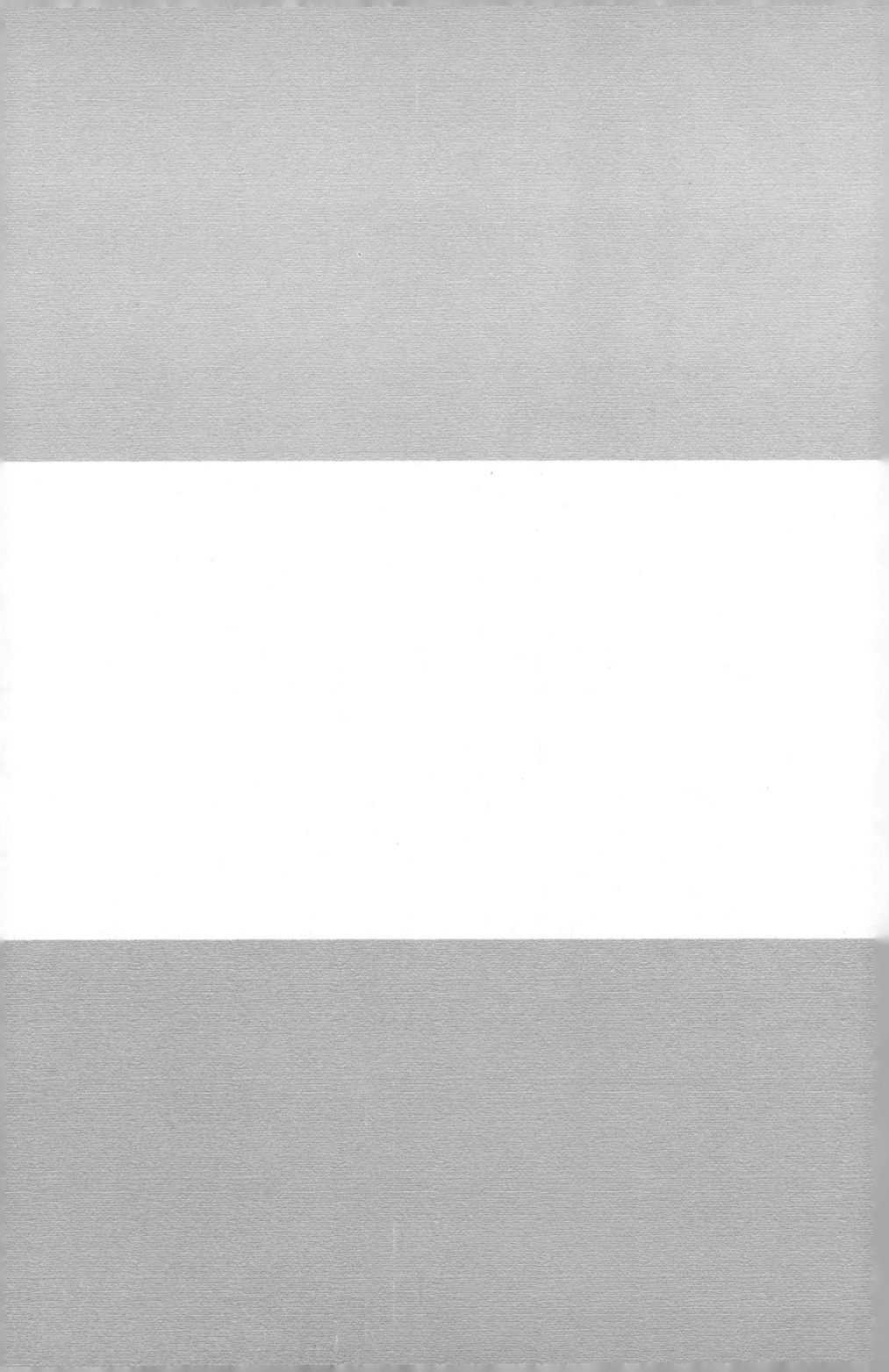

第一章

TOMS传奇

想要改变世界，首先改变自己。

——甘地

2006年，我暂时离职去阿根廷旅行。那年我29岁，正在进行第四次创业，那是一个网站，专门为驾驶混合动力汽车的青少年培训驾驶技术。我们将环保理念引入课程中，这一理念的创新使我们远远超越了对手。

我们正处于事业发展的关键时期——收入在不断增加，但与此同时，由于工作人员较少，每个人都承受着巨大的压力。即使这样，我依然对自己承诺要外出度假，而且不想言而无信。这是因为，多年来我一直相信度假对我的精神健康很有好处，所以不管多忙我也要信守承诺。我曾在 2002 年去过阿根廷，那时我正与妹妹佩吉（Paige）参加哥伦比亚广播公司（CBS）推出的真人秀节目《极速前进》（The Amazing Race）[1]，阿根廷是其中一站（真是命运弄人，我们用了 31 天来环游世界，却在最后以 4 分钟之差输掉了百万美元的大奖。现在想起来，依然深感失落）。

这次到阿根廷，我最主要的任务就是尽情享受当地多彩的文化。我终日兴高采烈地学跳这里的民族舞蹈——探戈，练习这里的特色运动项目——马球，当然，也少不了畅饮这里的美酒——毛贝克葡萄酒（Malbec）[2]。

我还特别习惯穿着当地特有的"懒人蹬"帆布鞋（alpargata）。在阿根廷，这种轻便的帆布鞋几乎人脚一双，不管是马球运动员、农民，还是学生，处处都有这种万能鞋的身影，城市、农庄，甚至夜店里也能见到。我灵光一闪：也许这种鞋在美国也会有市场。但我很快就搁置了这种类似半成品的念头。我是来阿根廷玩儿的，就不要老想着生意上的事儿了。

旅行快要结束时，我在一家咖啡馆偶然遇到了一位美国女士。

---

1 一个一群人环游世界进行竞速比赛的真人秀节目。CBS 从 2001 年开始按季播出。节目记录多对选手在一个月中进行的环球竞赛。

2 这种葡萄原产于法国，在法国一些地方也被称作 Cot。在波尔多地区，它是 6 种法定的红葡萄品种之一，用来增加酒中的颜色与结构感，属于不太受重用的"二等公民"。

她正在参与一个以赠鞋为主题的团体慈善活动——这对我来说完全是一个新概念。她对我说，现在全世界还有很多孩子没有鞋穿，即使在像阿根廷这样相对比较发达的国家人数也不少。这可不是一个小问题，不仅在生活方面面给他们带来诸多麻烦，还会使他们更容易患上各种各样的疾病。她参与的这个慈善团体会从捐赠者手中收集鞋子，然后转交给有需要的孩子。但颇具讽刺意味的是，这个慈善组织赖以生存的根基同样是"阿喀琉斯之踵"（Achilles' heel）[1]。言外之意，他们的鞋子来源完全依靠好心人的捐赠，这就意味着他们对鞋子的数量和质量完全没有掌控力。有时，可捐赠的数量完全不够；有时，即使数量足够，很多鞋子的尺码却不合适，这就导致很多孩子拿到鞋后，因不合脚，依然不得不赤足跑来跑去。这着实让人非常痛心。

之后的一段时间里，我不断在城郊的农村闲逛，深切感受到繁华都市之外农村的困窘。这极大地提升了我对赠鞋慈善活动的关注度。不错，以前我也听说好多农村孩子光着脚跑来跑去，脑海中对此类画面有隐约的印象，但我现在切实能够亲身感受到没有鞋穿的危害：脚上的水泡、钻心的疼痛，以及各种感染。而这些问题只需要一双合脚的鞋子就能解决。

目睹的一切对我的触动很大，我真心想为这些孩子做些什么。但具体该做些什么呢？

---

1 阿喀琉斯之踵，比喻致命伤，出自荷马史诗《伊利亚特》（The Iliad）。

我的第一个想法是创办自己的慈善组织，但不会要求别人直接捐鞋，而是鼓动家人朋友捐款购买合脚的鞋子，然后再转赠给有需要的孩子们，这一活动将会长期坚持下去。当然，这一活动同样高度依赖捐赠者；我的家人不少，朋友也很多，但这些私人关系迟早会有用尽的那一天，之后该怎么办？总有一天，我会无法面对孩子们期待的目光。孩子们需要的不是好心人偶尔的捐赠，而是长期、稳定的鞋子供应。

随后，我又开始在熟悉的领域中寻找解决方案，那就是开公司、办企业。过去10年间，我一直在采用这种创造性的模式来解决一些社会问题，比如，为大学生提供洗衣服务并快递上门、创办真人秀电视频道，还有，在线教授年轻人如何开车。我脑子里突然冒出一个想法：为什么不开办一家鞋业公司呢？既可营利，又能为孩子们做慈善，这样我们就可以保证稳定持久的鞋子供应，而且不再只是依靠好心人的捐赠。换句话说，这一想法的核心是商业，而不仅仅是慈善。

想到这里，我异常兴奋，马上与阿雷胡（Alejo）商量。他是我在阿根廷的马球教练，当然，我们亦师亦友。我跟他说："我想开家公司，生产新型的懒人蹭布鞋。我们每卖出一双，就会向没鞋穿的孩子们捐赠一双。就这么简单。"

这个想法确实简单：今天卖出一双，明天捐赠一双。我觉得我这个想法无懈可击，尽管我以前从未涉足过制鞋行业。当时，我连名字都想好了：TOMS！这个名字来源于一直盘旋在我脑中的一句口号：一双鞋创造美好明天（Shoes for a Better Tomorrow），这句话可以简化成"明日之鞋"（Tomorrow's Shoes），于是就有了"TOMS"这个名称。（现在您明白了吧，为什么我的名字叫布雷克，而我生产的鞋子却叫TOMS。我没有用自己的名字为公司命名。"创造美好明天"，这个承诺更有分量。）

我恳请阿雷胡参与到这项事业中来，原因有二：一是我对他的人品深信不疑；二是我确实也需要一名翻译（虽然在阿根廷待了一段时间，但我的西班牙语依然很烂）。一听到能为本国的孩子们造福，他迫不及待就答应下来了。于是，我们团队最初的两个人就登上了TOMS的历史舞台：阿雷胡，一位马球教练；还有我，一位立志在阿根廷开厂制鞋的创业新丁。不过，我们当时的问题也显而易见，那就是我们都对制鞋业一窍不通。

我们最初的办公地点就设在阿雷胡家养马的地方，与此同时，我们不断走访当地的一些制鞋作坊，希望可以找到与我们合作的人。我们对遇到的鞋厂老板说得很清楚：我们要的就是大家常见的那种懒人蹬，只不过是要将它们推向美国市场。因此，这些新鞋要比现有的更为舒适耐穿，而且必须再增加一些时尚感和趣味性，因为，相对来说，美国人更爱追赶新潮。我对自己的这个创意很有信心：这种鞋在阿根廷已经流行了近百年，打入美国市场不会有太大问题；同时心里还纳闷：为什么这么多年来就没人想过把这种鞋带到美国去？

大部分鞋厂老板都管我们叫"疯子"（loco），拒绝与我们合作，其中的原因不言自明，我们有时候都觉得自己说的是疯话。不过，功夫不负有心人，在不懈努力下，我们终于找到了一个和我们一样正在发疯的鞋厂老板。这样，在随后的几周，阿雷胡和我不是待在这家"鞋厂"，就是在去往这家"鞋厂"的路上。这是一条没有铺设柏油，而且坑坑洼洼的小路，你可以想象我们在路上颠沛流离的情景。这家所谓的"鞋厂"，大小就像一个普通美国家庭的车库，里面机器老旧，制鞋所需的原材料也十分有限。

每天我们都要花很长时间讨论如何生产这种懒人蹬帆布鞋。举例来说，传统的懒人蹬都是深蓝、黑色、红色，或者黄褐色，我担心这些颜色在美国会不受欢迎，于是就想在鞋的颜色上做一些调整，比如印点条纹、方格，或者迷彩图案。（知道我们现在什么颜色卖得最好吗？反而就是传统的深蓝、黑色、红色、黄褐。看来，学无止境，不能自以为是啊！）这家鞋厂老板对此很不理解。他同样无法理解我为什么非要在传统的帆布鞋里加一个皮制鞋垫，并且还要把鞋底换成橡胶的。

我告诉老板，一切相信我就好。不久，我们又开始与其他几位鞋匠合作，他们的工作地点无一例外的脏乱差，仅有的一两部机器也破旧不堪，周围还有野鸡乱飞，野驴乱叫，蜥蜴乱爬。这几位鞋匠的手艺都是祖传的，祖祖辈辈做的都是同一种懒人蹬，所以，当他们看到我的设计后，都用怀疑的眼神看着我，这种情景倒也不难理解。

我们打算测试一下正在使用的鞋底材料的耐磨性。测试方法

我写日记的习惯是从青少年时期养成的。这是在TOMS成立早期我亲手绘制的鞋样草图。

极其简单。我穿上鞋子的样品，在布宜诺斯艾利斯的水泥地面上拖着地走，而阿雷胡在我身边查看测试效果。周围路过的人都会停下来围观，就像看疯子发病似的。甚至有一次，一个警察拦住我，怀疑我是不是酒后闹事，阿雷胡连忙跟他解释，说我只不过有点儿"不正常"，那个警察才放过了我。通过这种非常规的方式，我们终于发现了最耐穿的鞋底材料。

我们一共做出了250双样品鞋。我用三个大帆布袋把它们装起来，准备带回美国。该和阿雷胡暂时道别了，我有些依依不舍，因为此刻彼此的友情已经今非昔比了。在讨论如何做鞋的过程中，我们经常各执一词，吵得面红耳赤，但每到晚上都能达成协议，求同存异，第二天早上又像没事人儿一样继续工作。其实，支持我的不仅是他，还有他的整个家庭，尽管他们都知道结果远未可知。

不久，我背着三口袋改良后的懒人蹬回到洛杉矶。现在棘手的问题是，我得好好想想怎么把这些布鞋推销出去。即便此刻，我仍认为自己既不懂时尚界，也不懂零售业，对制鞋这个行业也只是一知半解。我觉得我设计的布鞋绝对够靓，可别人愿意花钱买吗？于是，我不断请一些女闺蜜吃饭，把我在阿根廷的经历详详细细叙述一遍：我为什么要去阿根廷旅行，如何遇到了那位参与赠鞋组织的女士，如何想到了 TOMS 这个点子。然后，我把布鞋拿出来给她们看，喋喋不休、不厌其烦地问人家的意见：你觉得谁会买这种鞋？我应该去哪儿卖？一双鞋该卖多少钱？你到底喜不喜欢这种款式和颜色？

幸运的是，朋友们都特别喜欢我所讲的故事，也喜欢 TOMS 的企业理念，而且，最重要的是，他们喜欢我们做出来的布鞋。他们还给我列出了一连串店铺的名字，说这些地方可能愿意销售我们的产品。最让人欣喜的是，他们当天就穿着我们的布鞋离开我家，而且是心甘情愿的。这是个好兆头，同时我也从中学到了以下经验：有时，我们不必非找专家去咨询，其实，越是普通的亲朋好友越有可能给你提供极为宝贵的意见。

随后，我回到了当时开办的公司（在线驾校）工作，抽不出多少时间来卖鞋。一开始我觉得这无所谓，照样可以在闲暇时间通过邮件和电话把一切搞定。

后来，我发现这种想法完全行不通。此时，我又学到了人生中极为关键的一课：不管通信手段多么快捷方便，必要的时候还是应该出现在对方面前。

有一天，我背着一袋鞋来到美国拉格商店（American Rag，这是我的一位朋友推荐的），要求见一见他们的鞋类采购员。接待员说我很幸运，因为采购员那天恰好在店里，而且有时间与我会面。于是，我迫不及待地走进去跟那位女士讲了讲我的TOMS创意。

此后的每个月里，这位女采购员都会向我订购布鞋，数量超出我的想象。但要说明的是，这位女士从一开始就意识到，TOMS生产的不仅仅是一双双布鞋，更是"TOMS"这个不俗的创意。两者她都喜欢，而且她相信，两者都可以卖得很不错。

至此，我们终于有了一位零售商。

随后，又有重大突破。《洛杉矶时报》（Los Angeles Times）的时尚专栏作家布斯·摩尔（Booth Moore）听说了我们的故事，深感兴趣，很快就对我进行了一次专访，并据此发表了一篇文章。

一个周六的早上醒来后，我发现自己的黑莓手机像中了邪一样在桌上乱抖。说明一下，我当时要求 TOMS 网站在每接到一笔订单就用邮件通知我一下。此前，我平均每天收到一两封这样的电邮。现在，手机震动变得难以控制，不一会儿就没电了。我不知道哪儿出了毛病，也没多想，就把手机放回桌上，出门找朋友吃饭了。

　　到了饭馆，我打开《洛杉矶时报》，翻到导读部分，一眼就看到了"TOMS"的字样。原来，我们的故事已经上头条了！我这才明白为什么我的手机会狂抖，原来当时我们已经接到了 900个订单。当天晚上，订单数增加到 2200 个。

　　这当然是个好消息。可坏消息也随之而来：当时，我家中只剩下 160 双鞋。我们给用户的承诺是四日内送到。现在订单这么多，我们怎么兑现先前的承诺呢？

　　我急忙登录克雷格列表（Craigslist）[1]，匆匆写了一份招聘实习生的广告，然后马上贴在了网上。广告发布后，第二天早上就收到很多份简历，我从中挑选了三名优秀者，让他们马上投入到工作中。其中有一个小伙子，叫乔纳森（Jonathan），留着莫

---

1 Craigslist，一个大型网上免费分类广告网站，由创始人 Craig Newmark 于
　1995 年创立。

绝无仅有的阿雷胡（图右），他可能是我知道的人中，唯一一个从马球球员改行当会计师，又转行当鞋商的家伙。

霍克（Mohawk）[1]发型，特别打眼。他来到公司后就在不停地打电话、发邮件，告诉那些订购布鞋的人们：我们当初承诺的四日送达现在看来已经不太可能实现了，因为我们根本没有存货。他们需要等很长时间，大约八周左右。这样的回复肯定让很多顾客不满意，但奇迹出现了：所有 2200 笔订单中只有一人跑单，原因是她要出国学习大约一个学期，实在没有必要等下去。（值得一提的是，乔纳森现在依然供职于环球物流部，而且依然留着莫

---

1 莫霍克（Mohawk）发型，也称作莫西干发型，也就是俗称的"鸡冠头"，是一种模仿美洲土著印第安人的发型。基本样式是，头的两侧剃光，只留下中间较长的头发。

浩克发型。）

　　我马上返回阿根廷，约见阿雷胡和那个鞋厂老板。我们当即决定，再生产 4000 双帆布鞋。我反复向鞋厂老板强调，一定要按照我们的设计来生产。然后，我和阿雷胡就去找原料、找工人。我们天天在路上跑，因为没有一个鞋匠能够制作出一双完整的鞋子，所以我们要不断地把各种半成品运往下一个加工点。阿雷胡早已习惯了这样的工作方式，所以，常见的情景是：他一只手扶着方向盘在车流里左冲右突，另一只手拿着两个手机凑在耳旁，嘴里不停地说着；而我呢，坐在后排满脸惊慌地抓着前面的座椅，手都没有血色了。那时候的经历如今想来仍觉得心惊肉跳。虽然我还经营着一个在线驾校的网站，但那上面并没说过遇到这种情况该怎么办。

　　与此同时，在美国，《洛杉矶时报》的影响力在不断发酵，了解 TOMS 的人越来越多。不久，又一重磅炸弹从天而降——《时尚》（Vogue）杂志要帮我们进行推广。我猜，他们肯定不知道我们的公司实际就是我住的公寓，里面除我之外只有三个实习生。在该杂志里，我们生产的售价只有 40 美元的帆布平底鞋与马诺洛·伯拉尼克（Manolo Blahnik）[1] 高跟鞋并排展示，而它们的售价至少要超出我们 10 倍。继《时尚》后，《时代》（Time）、《人物》（People）、《欧普若》（O）、《艾乐》（Elle）、《少

---

1 由西班牙设计师 Manolo Blahnik 创立的高端女鞋品牌。

女时尚》（Teen Vogue）纷纷推出了介绍我们的文章。

还有，我们的零售商合作伙伴已经不再只是洛杉矶市内的一些时尚小店，而是囊括了很多全国性的大集团，比如诺德司特龙（Nordstrom）[1]、全粮超市（Whole Foods）[2]，以及城市装备（Urban Outfitters）[3]。不久，一些影视名人也开始穿 TOMS 鞋了，包括凯拉·奈特莉（Keira Knightley）、斯嘉丽·约翰逊（Scarlett Johansson）和托比·马奎尔（Tobey Maguire）等等。我们的产品正一步步走向全国，我们的故事也随之广为传播。

那年夏天，我们一共卖出了 10000 双懒人蹬，而且都是从我租住的公寓里发货的。这事我一直没有告诉女房东，因为我不清楚自己付的租金能否允许我将公寓改为商用。女房东性情古怪，经常不约而至。所幸，她的汽车消音器基本失灵，导致几百米外我们就能知道她快到了。一听到这样的声音，我们马上紧急大扫除，然后几个实习生躲进我的卧室里。女房东打死也不会想到，这里几分钟前还是热火朝天的生产车间。

---

1 诺德斯特龙（Nordstrom）是美国高档连锁百货店，经营的产品包括服装、饰品、包包、珠宝、化妆品、香水、家居用品等。

2 全粮超市（Whole Foods），美国最大的天然食品零售公司。

3 城市装备（Urban Outfitters），美国知名的服装公司。

我曾对自己做出承诺，只要卖到10000双，就要返回阿根廷，向那里的穷苦孩子提供鞋子穿。现在，目标已经达成，我决定带着父母、兄弟姐妹、实习生乔纳森和其他一些帮助我宣传TOMS的好朋友们前往阿根廷。

回到阿根廷后，我马上找到阿雷胡和鞋厂老板，共同租了一辆带有卧铺的大客车。这辆车的存储空间很大，足够放下几百双鞋。我们从布宜诺斯艾利斯出发，18个小时后行至阿根廷东北部，然

我们就是从威尼斯区的这间公寓展开我们事业的。图中从左到右为：乔纳森、贾瑞特、我、莉莎、哈吉米和艾莉，所有人直到现在仍在TOMS工作。

后开始沿村赠鞋。晚间，我们有时睡在车上，有时睡在汽车旅馆的小房间里。我们用 10 天时间走遍了阿根廷，沿途经过小诊所、学校、贫民救济站和居民区，把一双双新鞋亲手穿在孩子们的脚上。

我们要来赠鞋的消息很快就传到了当地孩子们的耳朵里，而且，专门有当地人负责把所需鞋子的尺寸反馈给我们。孩子们都盼着能有一双合脚的新鞋，或者说，他们的第一双新鞋。所以，当他们看到我们的大巴车的时候，都欢呼雀跃，鼓掌叫好。我无数次失声痛哭，泪如泉涌，心想：天哪，我真的做到了！在赠鞋活动的每一站，我给第一个孩子穿鞋时都显得笨手笨脚，因为喜悦的泪水会夺眶而出，完全模糊了双眼，这样就只能靠感觉来给孩子穿鞋，当然影响了手的动作。仅仅在 9 个月前，TOMS"卖一捐一"的想法还只是笔记本上的一张草图，现在，我真的带着10000 双新鞋来，并穿在每个孩子的脚上。这时，我深切地感受到，一个简单的想法可以带来多大的影响力，而一双新鞋给我们带来的欢乐局外人怎么能够理解？！

赠鞋的时候，我尽量想搞得有点秩序，于是告诉孩子们按照鞋号大小排好队。如果他们不知道自己的鞋号，可以在一块画了各种鞋型的纸板上比对一下（这是我妈妈的主意）。可真正赠鞋的时候，由于大家情绪都比较激动，也没有人太在乎所谓的秩序了。

旅途中，有一个村子给我的印象特别深刻。它看起来就像一个垃圾场，一切都破破烂烂，房子也七扭八歪，这样的房子还能够站住简直就是个奇迹。而且，街道上满是各种垃圾，尤其醒目的是一地的碎玻璃。但孩子们都很高兴，笑着闹着拥在我们身边，每一句感谢的话都发自肺腑，让我们激动不已。我看到父母已经满脸泪痕，这更让我泪如雨注。他们看到我的样子，再次失声痛哭起来。原来我不理解什么叫作"喜悦的泪水"，以为那只是一种故作姿态的表现，现在我明白了，而且真真切切地感受了一把。

以下是我当天在日记里写下的内容：

2006 年 10 月 16 日

在第一所学校赠鞋的场景让人十分感动。在学校的食堂里，我们站成一排，而所有的孩子们都坐在我们面前。阿雷胡开始致辞。这时，我忽然意识到，自己的夙愿马上就要实现！这份责任是我生而为人的意义所在。我忍不住像孩子一样哭了起来，并抱紧了阿雷胡，同时看着身边那么多好朋友，他们都是在百忙之中千里迢迢赶来帮我的，没有他们，就不会有这么隆重的活动。这次在学校食堂的经历将永远留在我的记忆里，而孩子们的笑脸将是我今后热心公益的不竭动力。

完成第一次赠鞋之旅（Shoe Drop）后，我感觉自己脱胎换骨。我强烈地感觉到TOMS绝不仅仅是我开的另一家公司，而应该是我的生活。前面创办的四家企业都可以从某个角度为我提供成就感，而TOMS提供更多的是满足，这是别的无法做到的。TOMS已经成了我和其他公司员工的一种生活方式，它拉近了我们与周围人的距离，而且能够实实在在地为这些人做点儿什么。我不用再把人生目标分门别类：这是我个人的，那是有关事业的，还有就是慈善的。因为这些目标完全可以合而为一。

有了这样的认识，我很快决定卖掉培训驾驶员的网站。我和网站的合伙人及员工进行了充分的沟通，他们很理解我，很快就同意了。我用出售网站的钱聘请了一些制鞋业的专业人士。现在，有了这些制造业老手，我信心满满，准备扩大经营。

当然，在考虑如何扩大经营的同时，我想到更多的是下一次的赠鞋之旅，还有第三次，第四次……我下定决心要在商业上取得更大成功，不断提高级别挑战自己。但这一切都不仅仅是为了我自己或者TOMS，而更是为了全世界千千万万急需鞋子穿的孩子。

现在，对于我来说，空气中有了一些不一样的东西。我时时刻刻都可以感觉到，不管是在与商业伙伴谈判时、在高中或大学发表演讲时，还是在咖啡店与客户闲谈时。人们都渴望成功，说起来这未免老生常谈了。但在我这里，成功的定义已经大不相同。追求成功并不意味着仅仅追求地位与金钱，还包括为世界做出应有的贡献，以及完全按照自己的意愿来工作生活。

当我首次提出 TOMS 的理念时，很多人都说我是在发疯，特别是那些制鞋业的资深人士（有人管他们叫"制鞋达人"）。他们说这种模式不会长久，至少未经验证过。将追求利益作为最高目标和一项社会责任结合起来会使二者都说不清道不明，最终导致互相拆台。但我要说的是，TOMS 的成功恰恰是因为我们创造了这样一种新的模式。TOMS 理念中的慈善成分使得我们生产的不再只是产品，而是一项社会使命，一个结局未定的故事，一部人人都可以参与演出的剧本。

在资本主义迅猛发展的多变时代，TOMS 的成功是新型公司模式可以奏效的例证之一。在我父母的青年时代，甚至在我刚开始创业不久的日子里，类似TOMS这样迅猛的发展是不太可能的。在这个急速变化发展的世界，我们比以往更容易抓住机会，但要注意的是，我们应该努力适应新的游戏规则，因为，就算有"行之有效"的商业准则，其顺序也是先"行之"，再看其是否"有效"。

如果你有意开创一些具有社会意义的事业，那么现在各位手里拿的这本书就是一个不错的向导。书中，我会详细介绍一些似乎违背常理的原则。正是这些原则，引导着 TOMS 从一个简简单单的创意迅速发展，5 年内就向贫困儿童捐赠了上百万双鞋。另外，我也会用自己的经验告诉大家，如何让自己所做的事情产生巨大的社会效益，不管你是创立了一个公益组织，还是一家具有公益性质的企业，或者在已有工作的基础上利用业余时间做的副业，甚至也有可能只在现有公司中新开辟的一个部门。同时，你也可以在书中读到许多其他创业者的故事。他们当初也只是怀抱着一个单纯的想法，但经过自己不懈的努力和必要的经营策略，既产生了经济效益又产生了社会效益。不管我们做的是什么行业，所

让孩子有鞋可穿，是我们在TOMS要做的事。左二是我的设计师兼好友惠特立基（John Whitledge）。

指向的目标是一致的，而且有几个可供借鉴的原则。我在本书中总结出了六点原则，也许大家在具体创业过程中发现创业成功的秘诀远远不止这六点，但我相信这六点起码是非常基本的。本书就是要教会你如何践行这六项原则。

也许这六种原则的任何一项都会挑战你对于产业和以前自己的既得认知。首先，我们认为想创办一个新的企业最重要的一点是要有自己的故事，并且有想要和别人分享的冲动；第二，恐惧心理有时候也是会发生作用；第三，过多的资源不一定是好事；第四，成功企业都会遵循简洁原则；第五，信任关系是企业成功的关键；最后，参与公益、勇于付出是我们最好的投资。

如果你像我和我身边的很多人一样，那么你所追求的就不仅仅是商业上的成功，我们所追求的是意义和价值，我们都希望自己有充足的自由支配所有时间，去做自己喜欢的事情，让世界变得更加美好。

下面这些故事能够让你不断营利，实现个人价值，同时创造社会效益，如果这是你所向往的生活和工作方式，那就马上开始阅读吧！

第二章

发掘故事

先给大家讲个故事，主人公是两个年轻人，亚当·劳瑞（Adam Lowry）和艾瑞克·莱恩（Eric Ryan），他们从高中起就混在一起。大学毕业后，他们和其他五位朋友在旧金山合租了一套房子。他们总是自嘲住的绝对是"旧金山市内最脏的公寓"。亚当身材高挑，现在是一位化学工程师和环保研究者，曾研究过气候变化；艾瑞克和他的朋友一样瘦，只是个子不高，现在是一名市场调研员，经常与"盖璞"（Gap）[1]和"土

---

1 美国服装公司，创建于 1969 年，现已成为美国服装业中最引人注目的企业之一。

星"（Saturn）[1]这样的品牌合作。

两人心血来潮时也会勉为其难地打扫一下自己的房间。干活儿的时候,他们都会注意到清洁剂瓶子标签上那些吓人的警告语。这些清洁剂来路不明,有的连成分都不写出来。每次使用时,他们都感到皮肤灼痛,双眼流泪,甚是怀疑这些东西会给自然环境和个人健康带来极大危害。有一天,两人想在谷歌上看看自己这种担心是否和别人产生了共鸣,结果发现响应者云集,不少人都有类似的经历和担忧。

两人随即决定自己鼓捣出一种对环境和身体无害的清净剂。当时,亚当正好赋闲,而且又学过化学,于是两人就把厨房当成实验室,像科学怪人一样在里面配制各种各样的试剂。不久,厨房里就放满了塑料罐子,里面装着各种奇怪的液体,管子上还贴着胶带,上面写着:不可饮用!渐渐地,两人已经可以用无毒原料配制出有效的清洁产品。

随后,艾瑞克找到附近一家生产清洁剂的工厂。他们是为其他公司做代工的。他还找到一位业内人士,这位专家很愿意与两个初出茅庐的年轻人合作,生产环保无害的清洁产品。

---

1 通用汽车公司旗下的著名汽车品牌之一。1985年通用汽车公司决定新建土星分部,企图开发先进的土星牌轿车以抵御外国轿车大规模进入美国市场的冲击。1991年,土星汽车以价格便宜的紧凑型车为主要销售产品。而1991款土星SL汽车更是被当时的人们称为"1992年所有同价位小型轿车中价值最高的产品"。

2000 年，他们搞定了第一条生产线，这条生产线被命名为"好办法"（method，首字母是故意小写的），而第一款产品是一种洗手香皂。艾瑞克善于包装，给这款香皂设计的包装是一个漂亮的泪珠形容器。此后，他们的所有产品都采用此别具一格的包装，这也是一种信号，示意消费者其中的产品亦与众不同。不过，尽管他们在环保和包装上做足了功课，但这些产品依然难以走进正规的商店。在这段时间里，他们既没有资金，也缺少员工，更没有多少可供调用的存货。最惨的时候，他们的账户里只有 16 美元。

不知过了多长时间，当地的一家商店终于答应代售他们的产品，这时，另外的问题出现了：因为没有多少存货，现有的浴室清洁剂数量远远达不到客户订单的要求。他们急中生智，想到以前曾经给很多朋友试用过产品，于是挨个儿给朋友们打电话，找到他们，要来房门钥匙，冲进人家的房间，看到清洁剂就拿，然后跑回自己的公寓，把清洁剂倒进新瓶子里，随后马不停蹄直奔商店。很多时候，他们到达时客户因等不到货正准备失望地离开。

尽管经常身陷尴尬，但他们的故事却牵动人心：他们本来是做什么工作的？为什么想到要生产这样的产品？以及他们的产品到底有多环保？等等。如此，他们吸引了很多媒体的目光，《时尚》《时代》等杂志都曾发表过关于他们的文章。而且，很多店铺采购员也都注意到了他们。同时，有很多顾客成了他们的铁杆粉丝。这些铁粉不仅发现产品的确安全好用，更被其"为环保而创业"的商业模式深深打动，同时也希望自己可以成为这个模式中的一部分。

为了向大众传播环保知识，也为增加产品的透明度，两人还制定了一份"肮脏名录"（the Dirty List）。如果他们发现任何原料对人们的健康或者环保不利，该原料就会榜上有名，从而绝不会出现在"好办法"的生产线上。举例来说，用牛油做原料生产烘衣纸基本属于行业潜规则，因为它确实能使衣物变得更为柔软。但是，在他们看来，这也属于"肮脏原料"，仅仅为了让衣服更柔软一些，大批可怜的牛就要惨遭屠杀！当你知道这一"冷知识"后，会不会在使用这些烘衣纸时心生不爽？因此，他们的生产线上绝对见不到牛油的影子，他们会用一些含油的植物种子取而代之。这种做法也呼应了他们最为人知的一句口号：人民抵制肮脏！

时至今日，"好办法"已成为全球增速最快的环保型清洁用品品牌之一，与他们进行合作的百货巨头包括全粮超市、目标百货（Target）[1]、好市多批发（Costco）[2]、杜安·瑞德（Duane

---

1 美国第二大零售巨头，仅次于沃尔玛。

2 13美国最大的连锁会员制仓储量贩店，于1976年加州圣迭戈成立的Price Club，七年后华盛顿州西雅图成立的好市多，在2009年是美国第三大、世界第九大零售商。好市多是会员制仓储批发俱乐部的创始者，成立以来即致力于以可能的最低价格提供给会员高品质的品牌商品。

Reade）[1]以及主食公司（Staples）[2]。他们的产品已经走进家庭购物频道（Home Shopping Network），其中，液体洗手皂在同类产品中销量排名第三。《快速企业杂志》（Fast Company）公布的全球创意企业排行榜上，"好办法"名列第十六；而《企业杂志》（Inc.）公布的美国增速最快公司排行榜上，他们排名第七。他们的销售额已从 2001 年的九万美元增长到 2010 年的近亿美元。

不仅如此，2006 年，艾瑞克和亚当还被善待动物者协会（PETA）[3]评为"年度人物"（Persons of the Year），并被收入《时代杂志》的"环保指南之名人录"（Who's Who Eco Guide）。

这一切似乎都顺理成章：先有想法，再有故事，最终还要有产品。从卖第一件产品开始，他们就在同时讲述两个故事：一个是关于个人的，讲的是两个好哥们儿如何意识到有毒清洁用品对

1　美国药品以及日用品连锁商店，主要位于纽约。

2　全球卓越的办公用品公司，成立于 1986 年，总部位于美国马萨诸塞州的波士顿。2007 年名列《财富》世界 500 强第 397 名。

3　由 Ingrid Newkirk 女士于 1980 年创建。她受到 20 世纪 70 年代末动物解放意识的影响，认定动物应该和人类拥有平等的生存权利，所以 PETA 奉行"动物不是供我们食用、穿戴、做实验或娱乐用的"这一原则，扮演着动物权益捍卫者的形象。成立三十多年来 PETA 发展十分迅速，自称拥有超过 300 万成员及支持者，已是全球最大的动物保护组织。

健康和环保的危害；另一个是关于创业的，讲的是他们联手创办的企业如何打破行业潜规则，坚持生产真正无毒无害的清洁用品。这些故事在产品中注入了创业的激情与社会使命感，肯定可以吸引听众的耳朵，特别是对那些以前没有过多考虑过这些问题的顾客来说。这样，"好办法"就有了充足的魅力，让一个原本幽暗的角落散发出引人注目的光芒。

故事的力量

故事是人际交流中最原始也最纯粹的方式。我们文化中流传最广、最激动人心的价值与观念都能够通过一个个故事呈现出来。比如荷马（Homer）。《荷马史诗》口口相传，凝聚了希腊人的民族意志；沃吉尔（Virgil）的诗歌对罗马人也有同样的影响；还有耶稣，他训诫徒弟的方式就是用一个个生动有趣的故事。从故事中提炼人生真谛，这种能力似乎已经植根于我们的基因图谱中，所以，我们几乎人人都爱听故事，然后加以思考，并将它们一代代流传下去。

肯达尔·哈文（Kendall Haven）[1]曾说过："人脑基本完全依赖故事思维来理解、记忆、解释并规划我们的生活，这是我们

---

1 作家，故事作者，代表作《讲故事，超级简单》（Super Simple Storytelling）。

的首要思维导图，与之相伴的还有人生中时刻遇到的各种经历和他们的讲述。"有见地且直面未来趋势的公司会充分利用人脑的这种原始冲动。他们会讲述各种动人的故事，大众可以在"优游网"（YouTube）上观看，也可以在"脸书"（Facebook）上分享。

如果你能用一个让人印象深刻的故事介绍自己并展示自己的宏图大志，你的成功与否就不再依赖于从业经历、教育背景和人际关系。这个好故事打破了一切边界，击碎众多障碍，并开启了一扇扇希望之门。这把金钥匙打开的不仅仅是创业之门，更能让你更好地认清自己，做出更明智的选择。

故事唤起情感，而情感建立联系。这就是企业改变销售模式的主要原因。现代企业已经不能再仅仅依靠简单直接的广告攻势，就像大家在《广告狂人》（Mad Men）[1]中看到的那样。那种模式在当时会奏效，因为那时大部分家庭的电视机都只能收三个频道。所以，一些大品牌就可以在这有限的几个频道上无节制地重复播放他们那几句广告语：福特卡车最强悍；亮白牙齿佳洁士；可口可乐让您精神焕发！

我想，这样的大呼小叫现在已经不再发挥重要作用。因为媒体越来越分众化，消费者的注意力也越来越碎片化。现在，人们不会再每周收听或者收看同样的广播电视节目。他们会自己订阅

1　是由American Movie Classics公司（AMC）推出的一部美国年代剧。故事背景设定在20世纪60年代的纽约，大胆描述了美国广告业黄金时代残酷的商业竞争。

各种网络推送，写微博，刷微博，在500多个电视频道中来回穿梭，在平板上冲浪、看葫芦网（Hulu）[1]的视频，用明亮电书（Kindle）或者努克书（Nook）[2]阅读——而且，有可能这几件事同时来做。

这看起来与我们的直觉相违背，但事实就是这样。海量唾手可得的信息使得我们的购买行为更为复杂。最关键的问题还不在于信息爆炸，而在于它们相互矛盾：雪佛兰汽车质量怎么样？说好说坏的都有，看你听谁的了。哪种牙膏的美白效果更好？高露洁还是佳洁士？上网一看，有篇文章力推佳洁士，可底下的评论确实一片骂声。

如果广告信息中不掺杂情感成分，它们将很快被人遗忘。商业顾问安奈特·西门子（Annette Simmons）解释说："事实是中性的，除非人们在其中加入自己的理解。人们做出决定时看重的是这些事实对他们来说意味着什么，而不是事实本身。而加入个人理解的事实就是自己的故事。单纯的事实对人们没有多大的影响力。人们需要的不是新的事实，而是一个新的故事。"

再多的数据堆积也敌不过一个简单而又动听的好故事，这是已经被科学实验证明了的。2009年，卡内基梅隆大学（Carnegie Mellon University）做了一项实验，旨在比较一下数据和故事

---

1 美国一家视频网站。

2 美国最大的图书零售企业 Barnes & Noble 公司发布的电子书产品，创新的使用了一块电子墨水屏幕加一块液晶触摸屏的配置。

哪一个会对我们的行为产生更大的影响。研究团队要求受试的学生填写一个关于科技产品的问卷调查，完成后会付给他们每人 5 美元。其实，问卷上的问题与研究目的没有一毛钱关系，但当时学生们并不知道这一点。本研究重点关注的是受试学生拿到报酬后的行为习惯。所谓的"问卷"填完后，他们拿到了五张 1 美元的钞票，另外还有两封信，其中的一封信中希望他们能把这笔钱的一部分捐赠给救助儿童基金会（Save the Children）[1]。

尽管目的一样，但表达方式却大不相同：第一封信中详细说明了马拉维（Malawi）[2] 近年来的粮食短缺状况，并列出了降水量不足导致庄稼歉收的具体数据; 而第二封信则讲了一个小故事，故事的主人公名叫柔奇亚（Rokia），一个 7 岁的马拉维女孩。信中生动再现了这个生活在赤贫下的小女孩儿的近况，故事哀婉动人，催人泪下。

最后的统计结果显示：拿到第一封的学生平均捐款 1.14 美元，而读到柔奇亚故事的学生平均捐款 2.38 美元，比第一封的多了一倍!

还有第三组受试学生，他们拿到了全部的两封信。结果出人意料，他们的捐款数量比只读到故事的少了将近 1 美元。

数据很重要，但故事更有效。而且，要命的是，如果提

---

1 一个很有影响力的非政府公益组织，主要关注发展中国家的儿童权益问题。
2 位于非洲东南部，是世界上最不发达的国家之一，严重依赖国际援助。

供数据的方式不合适，反而会影响动人故事本应产生的积极效果。

赛思·高丁（Seth Godin）[1]是我非常崇拜的一位商业古儒（guru）[2]。他关于如何在商业活动中充分利用故事元素的想法特别有见地："人们一般不大能记得住那些枯燥的事实与数据。就算可以记住一些，也是在故事背景下才有可能。巴塔哥尼亚（Patagonia）[3]公司是生产户外运动服装的。生产户外运动服装的大有人在，但绝大多数都比巴塔哥尼亚卖得便宜，销量也少，总体利润率偏低。这是不是因为巴塔哥尼亚的服装更美观？更保暖？完全不是。原因在于他们不断地讲述着一个商业故事，这个故事关注的重点不是服装的款式与质量，更多的是关注环境保护。而且，最为关键的是，这个故事不是讲讲就算的，他们真的言行一致，亲身实践了。他们的经营宗旨是：制造最好的产品，减少不必要的污染与浪费，用商业模式寻求缓解环保危机的最佳途径。这些年来，公司一直恪守这些原则。"[4]

其实，成功的商业故事可遇不可求，有时，机缘巧合，它会

---

1 雅虎网前副总裁，畅销书作家，代表作《肉丸儿圣代》（Meatball Sundae）。

2 梵语，意为"导师"或者"师傅"。

3 美国高端户外装备品牌，主要经营登山服装。

4 出自赛思·高丁所著《肉丸儿圣代》（Meatball Sundae）。

从天而降，横陈于你的面前。20 世纪 90 年代后期，美国快餐赛百味（Subway）连锁公司推出了一条健康三明治的生产线，并随之展开广告攻势，但是，最初的广告语中没有故事，只是数据的堆砌：他们将推出 7 款新的三明治，每种里面的脂肪含量绝不超过 6 克。

这样的表达难以引起消费者的兴趣。正当此时，赛百味公司偶然知道了杰尔德·福戈尔（Jared Fogle）的故事。这是一名普通的大学生，他的不同之处在于体重。他的体重一度飙至 425 磅（约 383 斤），腰围达 60 英寸（约 1.5 米）。医生诊断出他患有严重的浮肿，这可能会引起糖尿病、心血管疾病以及其他致命的健康问题。杰尔德意识到自己只有努力减肥才能防止健康状况继续恶化，于是他开始实施自己的"赛百味健康饮食计划"。名字听起来很长，内容相当简单，就是每天只吃两个赛百味低脂三明治，中午一个，晚上一个。

三个月后，他减了将近 100 磅（约 90 斤），而且，体重还在下降。如此违反常理的减肥方式（减肥竟吃三明治）却有如此明显的效果，这吸引了多家媒体争相报道。一家赛百味餐厅的老板读到了这个故事，大受启发，赶紧发给公司的广告部，于是赛百味公司也开始跟踪报道杰尔德的减肥成效。这时，公司内部的意见出现了分歧，有些高层认为这个故事确实让人印象深刻，但不会对三明治的销售量产生太多积极影响。因此，公司决定在一些地方试点，推出以杰尔德作为主人公的广告宣传活动，结果一鸣惊人。于是，很快，公司就把杰尔德的故事推向全国。

"7 款 6 克"的广告语早已不知被丢到哪里，而杰尔德的故事却使公司当年销售额增长了 18%，第二年也有 16% 的增长，而当时的其他快餐连锁企业连他们的一半儿都没达到。

故事比数据更有力

说实话，刚创办 TOMS 时我并不懂得这个道理，但我自认为学得很快。我现在还清楚记得是在哪一时刻我意识到了这一点。

那是 2006 年的 11 月，我正在纽约的肯尼迪机场，准备前往洛杉矶。当时我没有穿自己那双 TOMS，因为我是从体育馆直接来机场的，所以穿的还是帆布运动鞋。这种时候并不多见，因为我大部分时间都穿 TOMS。

这趟来纽约并不顺心。纽约主要的一些时装零售商的那些眼神犀利、表情冷淡的采购员并未理解我们开办 TOMS 的初衷。在这里盘桓了一周，没有签成一笔合同，这让我难免沮丧。

就在机场的这一刻，我看到身边的一位女士穿着一双红色的 TOMS。因为 TOMS 公司刚刚起步，除了自己、亲戚、朋友和公司的实习生外，我还没见过别人穿着 TOMS。所以说，这一刻对我意义重大。

我压抑着心中的极度兴奋，问这位女士："您脚上这双鞋真漂亮。这叫什么鞋？"

这位女士立时睁大了眼睛，容光焕发地高声对我说："你说这个？这叫TOMS！"

我听完后假装随意地应了一声，可这位女士难掩兴奋之情，抓住我的肩膀，把我拉到了一边，用一种近乎夸张的声音，开始给我讲TOMS的故事。

"你知道不知道，我买了这双TOMS，就意味着生产这双鞋的公司会向阿根廷的儿童捐赠一双类似的鞋子。要知道，阿根廷的很多孩子还根本没鞋穿呢！这是个住在洛杉矶的小伙子想出来的主意。他有一次去阿根廷旅行，看到当地很多孩子没鞋穿，于是就有了这个想法。我想他应该是住在一条船上。而且，他还上过《极速前进》这个节目。这个公司很伟大，他们已经给孩子们捐赠了几千双鞋了！"

这一刻，我有点儿不好意思了。我觉得我应该告诉她我是谁。我有点儿忍不住想看她吃惊的样子。于是，我说："实话告诉您，我就是布雷克。TOMS公司就是我开办的。"

她一怔，然后盯着我的眼睛看了一会儿，突然问："你怎么把头发剪短了？"

这个问题还真出乎我的预料。这说明她在私家视频网站上看过我们的赠鞋之旅，那时我还留着长头发，这就是她一时没有认出我来的主要原因。但是，转念一想，这位女士对我们公司的活动有极高的关注度！

我给了她一个大大的拥抱，然后登上了飞机。在座位上，我回想刚才的场景，忽然觉得大有意味：这位女士在给我——一个完全不认识的人——讲述 TOMS 故事的时候，是多么的激情澎湃！她还给其他多少人说过这些话？她既然愿意给我这个陌生人讲，就肯定已经给自己的家人朋友讲过了，而且可以猜想，讲的时候也会是这样激情饱满，眉飞色舞。她甚至有可能已经在"脸书"

我开着这辆"气流牌"露营拖车花了六十多天的时间穿梭于美国各地去诉说TOMS的故事。照片拍摄于诺斯壮百货公司停车场，当天我们在那里扎营过夜。

上上传了自己鞋子的照片，或者在"私家视频"上与亲友分享了有关我们的视频。到底有多少人已经或多或少地被她的激情所感染了呢？

我心想："假如有1万人或者10万人都穿上了TOMS，那将是怎样的一幅景象？就算每个人都只是跟身边最亲近的三四个人讲讲TOMS的故事，而这三四个人又会向其他人说说……"大家自己算吧！

直到这时我才真正体会到故事的力量。自此后，我们才全力以赴开始讲述自己的传奇经历。

这个故事还让我明白了一点：讲述TOMS故事的人们不仅仅是顾客，更应该被称作粉丝。他们会更为热衷于谈论我们"卖一捐一"的目标和赠鞋活动，而不会只是跟亲朋好友说自己在哪家哪家鞋店买了一双漂亮的鞋。他们支持我们的产品和我们讲述的故事，这是一般消费者做不到的。粉丝的力量绝非普通消费者可比。

不过，要想赢得粉丝，就得有值得"狂粉"的故事。如果埃克森·美孚（Exxon Mobil）[1]想编个动人的故事，肯定能编得出来，只要给公关公司足够的钱，这个故事要么凄婉动人，要么催人奋进。不但是美孚，其他大公司，比如联合碳化（Union Car-

---

1 世界上最大的非政府石油天然气生产商，总部设在美国德克萨斯州爱文市。在全球拥有生产设施和销售产品，在六大洲从事石油天然气勘探业务，在能源和石化领域的诸多方面位居行业领先地位。

bide）[1]、菲利普·莫里斯（Phillip Morris）[2]和高盛（Goldman Sachs）[3]都可以做到。但是，大家心里都明白，这些公司最终还是要赚钱,这是资本主义时代既不可辩驳又顺理成章的商业动机。但是不会有哪个顾客会奔着听动人故事的目的去壳牌加油站加油。

理性资本主义的首要目的不是赚钱，当然赚钱也是目的之一，但绝不会成为唯一的目的。更重要的是，把至关重要的使命摆在民众面前，赢得他们的支持，并最终对世界产生积极有效的影响。作为消费者，我们对产品的要求不外乎下面几点：性能是否优越，款式是否新颖，价格是否合理，设计有无创意……但粉丝的要求远高于此，他们相信我们做的是一项功德无量的事业，是一项能够切切实实改变世界的伟大事业。因此，他们迫不及待要成为这项事业的参与者，而不是旁观者。

因此，我对机场那位女士的印象特别深刻。每一家公司都需要像她那样的分析。员工与顾客来了又走，只有粉丝万古长留。

---

1 一家跨国经营的化工公司，生产化学品和聚合物材料，在全球40多个国家及地区有生产点，拥有世界上工艺技术最先进、生产成本最低的大规模生产装置，现有职工约12000人。

2 世界上最大的包装食品公司和最大的卷烟生产公司，世界第二大啤酒生产企业，美国最大的食品生产公司。

3 一家国际领先的投资银行，向全球提供广泛的投资、咨询和金融服务，拥有大量的多行业客户，包括私营公司，金融企业，政府机构以及个人。

美国电话电报公司（AT&T）也参与到 TOMS 传奇中来，而时机把握得恰到好处。这家公司在 TOMS 的发展中扮演了重要角色，而且也帮助我们在 2009 年举办了一次赠鞋活动。两家公司的亲密关系其实事出偶然。

2008 年，国家广播公司（NBC）的生活娱乐频道（LXTV）为我录制了一分半钟的视频采访，我在其中谈到了 TOMS 的经营理念。纽约城中有将近 5000 辆出租车都在前排座位背面的小电视上播放了这段视频，数万人在乘车时观看了这段视频。

这些乘客中有一位恰好是天联广告公司（BBDO，与美国电话电报公司合作多年）[1] 的总裁。公司管理层认为 TOMS 的故事可以很好地与电话电报公司的广告活动结合，于是他们给我们公司写了一封电邮（info@TOMS.com）。我们告诉天联，自己与电话电报公司在海外贸易方面已经有了合作，于是他们让我们制作一个广告短片寄给他们。我们邀请班尼特·米勒（Bennett Miller）[2] 来拍摄这部片子，耗时一周，主要拍摄地在圣莫妮卡（Santa Monica）的 TOMS 总部和乌拉圭的一次赠鞋活动上。

这次的广告活动贯穿了整个 2009 年，反响非常热烈，为 TOMS 和电话电报公司都赢得了极佳的声誉。电话电报公司在宣传 TOMS 故事的活动中获益匪浅，树立了自己富有创意且具有人

1 世界性广告运营网络，总部设在纽约。

2 美国电影导演，代表作《卡波特》等，曾两次获得奥斯卡提名。

文关怀的公司形象。（尽管不完全相同，但这与杰尔德＆赛百味的故事有诸多相似之处。）而 TOMS 作为电话电报公司广告攻势的一部分也达到了自己的宣传效果。从中我们的收获颇多：讲述自己的真实故事，吸引的不仅仅是最终的消费者，同时还有忠诚的合作伙伴，这些合作伙伴都想参与一些更有深度的活动，而不仅仅是做笔买卖，发大财。

看这里，看这里

在 TOMS 公司创办初期，我的两只脚上经常穿的是不一样的 TOMS。比如，一只脚穿红，一只脚穿蓝（有时，左脚上穿扎染的，而右脚上穿黑色的）。这样做的目的就是引起人们的注意，他们会提醒我穿错鞋了，而我可以趁机给他们讲讲 TOMS 的故事。效果很明显，如果我中规中矩地穿鞋，就不会获得那么多与人分享的机会。

作业：找寻自己的故事

现在想想吧，你的身上有什么故事值得讲述？下面是一些小提示。

几乎每个人都想在特定的某些事情上释放激情，只是我们有时不知怎么把它说出口。现实中，与自己的真实激情脱钩是最简单不过的事，或是因为我们迷失在每天鸡毛蒜皮的生活小事上，或者是没有人会在日常谈话中展开关于人生梦想的话题。正因如此，我们才十分有必要把自己想要释放激情的事情说出来，首先说给自己听。知道了自己的激情所在，故事也会随之而来。

如果你不确定你的激情藏于何处，找我来吧，我下面的三个问题想必会对你有所帮助：

· 如果你已经不再为经济来源发愁，那么你会如何分配你的时间？
· 你想做何种类型的工作？
· 你希望投身于何种事业？

回答完这三个问题，我想你应该对自己的潜在激情有所了解了。不过，不要急于回答这些问题，花点时间思考每个问题的答案，直到倾诉出自己最真实的想法。一旦答案确定，你的故事就已经确立了核心，事业也已经开始。

激情越盛，推力越大，生活中的一切都以此为中心。故事在不停延展。事业，真正对世界产生影响的事业，早已启动。

渴望归属感

来到德克萨斯州的餐厅，你会发现一种名为提托（Tito）的伏特加。这种酒在其他地方很难找到，但在德州却遍地开花。尽管有灰鹅（Grey Goose）、司米诺（Smirnoff）、绝加（Absolut）这些享誉世界的伏特加牌子，德州人民却对提托情有独钟。原因很简单，这是唯一真正产自德州的伏特加品牌。公司创始人名叫小伯特·巴特勒·贝弗里奇（Bert Butler Beveridge Ⅱ），他有个小名，就是提托。在众人都认为高端伏特加早已饱和的情况下，他硬是凭借"产自本土"这一理念开创出自己的一片天地。正是通过本土化道路，他赢得了德州各界的支持，因为每个德州原住民都有那种难以抹去的本土自豪感。

每个人都需要一种归属感，不管是自己的家庭、来自的地区、上过的学校，还是喜欢的球队。只要抓住这些团体成员对于归属感的渴望，我们就可以顺势开创事业，实现梦想。

我的故事，全世界都在听

　　一旦确定了自己的事业核心后，我们应该如何对外传播自己的理念？关键是要抓住一切机会，倾力讲述自己的创业故事。只有这样，讲故事才不会成为偶然事件，而是事业中必不可少的一环，唯此才能够将美好的观念广泛传播。

　　TOMS 的故事非常简单：我们生产优质的阿根廷款式帆布鞋，并且，只要卖出一双，就会向有需要的儿童捐赠一双。最近，我们把"卖一捐一"的模式同样用到了公司生产的护眼产品上。只要卖出任何一款护眼产品，我们就会向眼疾患者提供一项实实在在的救治服务，比如眼疾的治疗、恢复视力的产品，或者眼科手术。而这些服务都是由我们的合作伙伴赛瓦基金会（Seva）[1] 提供的，这可是业界翘楚，完全值得信赖。

　　我们每天都在想如何花样翻新地讲故事。我们尝试了能够想到的所有办法：乘坐清风房车（Airstream）[2] 生产的房车用 7 天时间游遍美国；在诺德司特龙的连锁店门前举行活动，邀请粉丝

1　美国非营利健康组织，致力于医治失明病人。

2　属于国际知名企业托尔集团，是北美历史最悠久的房车制造商，产品以拖　挂式 A 型房车为主。

与顾客们参加我们的环球赠鞋之旅；制作了 35 分钟的纪录片，并在纽约翠贝卡电影节（Tribeca Film Festival）[1] 上首映；设立 TOMS 校园部，以方便愿意参与活动的高中生和大学生。

　　除了自己绞尽脑汁想主意，我们也大量采纳粉丝们的好想法。举例来说，2008 年，佩珀代因大学（Pepperdine University）TOMS 校园俱乐部的学生们在校园内组织了一次赤脚游行，旨在令人们意识到没有鞋穿是什么感觉。我们觉得这个想法不错，于是公司规定，每年 4 月都要举办一次"今天不穿鞋"活动（One Day Without Shoes，简称 ODWS）。在这一天，我们要求粉丝和顾客们赤脚一天，就像学生们示范的那样。"今天不穿鞋"活动已经在很多地方广泛开展起来，包括小学、中学、大学，以及各种规模和类型的公司。2001 年，全球超过 25 万人参加了这一活动，其中，有 1600 人是通过网络组织的（欢迎登录 www.onedaywithoutshoes.com）。

　　不要总以为好主意只会来自于公司内部，有时，粉丝的新奇想法会比员工的想法更有创意。

1　由美国电影制片人简·罗森泰以及著名演员罗伯特·德·尼罗在"9·11"事件后发起并创办。2002 年，翠贝卡电影学院成功举办了第一届翠贝卡电影节，迄今已成功举办了六届。该电影节旨在通过影展的活动来推动全球电影界跟普通观众对电影艺术的生命力的认识。同时第一届翠贝卡电影节的举办亦用来庆祝美国纽约成为电影产业的中心，并为下曼哈顿城区的重新规划建设提供契机。

TOMS 从未停止讲述自己的故事，因为我们对故事抱有完全的信心。局外人很容易就可以分辨出哪些故事是真实的，而哪些是为了多赚钱编出来的，其实公司内部的人员一样有这样的本事。同样，作为公司的管理者，不管你处在哪一层级，只要你对故事的真实性有质疑，那么，你讲述的热情就会大打折扣。但是，只要你自己对故事有信心，就会竭尽全力进行讲述。

下面是传播商业故事的其他一些技巧：

碰到人就讲，不管TA是谁

列一个清单，把所有与你有关联的团体和个人都包括在内，而且确保他们能够帮助你传播自己的故事。其中一定会包括你的社交媒体好友（比如脸书上的朋友，推特上的粉丝）、同学会、一起锻炼的同伴、瑜伽课的同学、不管什么教派的教友，等等。这就是你的圈子，他们或多或少都会对你的生活有些兴趣。

光有这些还不够。只要有人没话找话地问你"最近忙什么呢"，分享的机会就来了。不管是在滑雪缆车上、地铁上、飞机上、假日聚会中，还是商务网络活动以及商品展销会上，我都会寻找时机讲述自己的故事。

抓住机会，让自己激情四射吧！同样，在不断的讲述过程中，你可以根据人们或者强烈共鸣或者无动于衷的反应来不断调整自己的讲述方式。

组团"忽悠"

实际上，没有多少仅关于一个人或者一个团体的故事，它们总是能与其他人其他团体的故事融合，比如我们就与电话电报公司合作，达到了互惠互利的效果。

如果你的故事远远超越了产品、服务这个层面，而是有着更深远的含义，其他公司就会想着把你的故事融入他们的故事中，

TOMS员工和当地粉丝在参加"一日无鞋"活动中，一律光脚沿着圣塔摩尼卡的码头行走。2010年全球参加者超过二十五万人，活动盛况空前。

以期达到一种光环效应。对 TOMS 来说，这样的公司包括《时尚》杂志的出品人，他们为我们提供了很多潜在经销商的联系方式，以此作为节日礼物（当时，这些人中大部分都还没听说过 TOMS）。还有，拉夫·劳伦（Ralph Lauren）[1] 定制了一种限量版的 TOMS，上面有着特殊的花纹图案，他们在全国售卖这种款式。高端服装经销商希尔瑞（Theory）在位于曼哈顿的旗舰店中设置了高达 18 米的 TOMS "美图墙"（Icon Wall），其他店中也有类似的设施。每面墙上都会有超大的字母拼成的 "GIVE"（给予），另外还有小字部分介绍我们的公司。希尔瑞这样做的目的很简单：与顾客分享他们喜欢的故事。

网上 "忽悠" 有技巧

如果有人想与你建立各种类型的商业联系，他们一般会上网搜索你的各种信息。他们会搜到你的脸书主页、汤博乐（Tumblr）[2]

---

1 全球知名服装品牌。

2 成立于 2007 年，是目前全球最大的轻博客网站，也是轻博客网站的始祖。Tumblr（汤博乐）是一种介于传统博客和微博之间的全新媒体形态，既注重表达，又注重社交，而且注重个性化设置，成为当前最受年轻人欢迎的社交网站之一。2013 年 5 月 19 日，雅虎公司以 11 亿美元收购了 Tumblr。

以及雅虎网络相册（Flickr）[1]。但是如果他们没有那么强的紧迫性和你建立联系，而且也不想与他人分享关于你的故事，那么你就很难在网上脱颖而出。

遇到这种情况，解决办法可不是在网络上销声匿迹。正相反，你应该让想与你建立联系的人很快就能找到你，不管他们是你将来的合作伙伴、老板还是同事。你的线上形象是你实际形象的有力证明。这里的关键是，确保网上的形象不会变形太多，而且，要与你所讲述的故事直接相关，尽量不要上传关联度不高的内容。各种搜索网站才不会在乎你的搜索结果会不会让你难堪。

说你行的人得行

马尔科姆·格拉得韦尔（Malcolm Gladwell）[2]在《引爆点》（The Tipping Point）中指出，在任何一个领域中，都有所谓的"联络人"，即那些处于社交网络核心的"大嘴巴"。一定要确保让这样的人知道并喜欢讲述你的故事。故事讲给隐士听，只能带来一位皈依者；故事讲给稳坐网络中心的人，你的影响力就会成倍增长。

---

1 雅虎旗下图片分享网站。为一家提供免费及付费数位照片储存、分享方案之线上服务，也提供网络社群服务的平台。其重要特点就是基于社会网络的人际关系的拓展与内容的组织。

2 英裔加拿大人，记者、演讲家、畅销书作家，代表作《引爆点》《异类》《逆转》《小狗看世界》等。

见人下菜碟

　　了解听众非常重要。说到底，你的故事要讲述的是一个具体的想法、产品或技能。你不能对所有人都说一样的话，还指望他们都一样接受。讲述前，一定要分析听众，分析他们中哪些会成为你的粉丝。这需要的可是你的核心实力。

席克思（Sheex）的成功秘诀

　　苏珊·沃韦尔思（Susan Walvius）一直是女子篮球界最为成功的教练之一，她曾在多所学校任教，最后来到了南卡罗来纳州立大学（the University of South Carolina）。在这里，她带领校队闯入了美国高校体育协会（the national Collegiate Athletic Association,NCAA）举办的篮球联赛的"前八强"。米歇尔·马司尼亚克（Michelle Marciniak）也曾是一位篮球明星，她曾在田纳西州立大学（the University of Tennessee）队效力（在 1996 年 NCAA 四强的比赛中，她赢得了"最有价值球员"的称号）。退役后，她在美国女子篮球协会（the Women's National Basketball Association）工作了一段时间，然后就来到了南卡罗来纳州立大学，与苏珊成了同事。

两人在体育界混迹二十多年，对运动服装的布料都有相当的研究。有一天，米歇尔找到了一种可心的新布料，于是赶紧拿来和苏珊分享。苏珊也觉得很不错，便说："要是能用这种布料做床单就太好了。"

米歇尔表示同意。

于是，她们就开始动手了。说起来容易做起来难，要想开公司做床单，有很多前期工作要做。她们首先找到南卡罗来纳州的一所商业学校，与相关人士商讨自己的商业创意是否可行；然后做市场调查，筹集资金，并开始试生产。经过不懈努力，她们终于生产出了满意的床单样品。她们的产品透气性好，能调节温度与湿度，而且韧性也很强。她们把公司命名为"席克思"。

2007年8月，两人正式进入销售阶段。为了吸引人们的注意，她们在销售中充分利用了自己的故事。想想吧，卖床单的人多了，可有多少人以前曾是运动员或者教练？而且，她们的产品不仅感觉舒适，还能调节睡眠借以提高运动成绩。

两位女士用自己的故事铺开了商业道路。苏珊曾说："我们不是那些只是在口头上谈论运动的人，我们就是运动员。经销商都对此很有兴趣，这同样也引起了商业咨询人士的好奇。这一身份为我们广开门路，很多原本看起来遥不可及的人物也都被吸引过来。人们会问米歇尔很多关于体育圈的秘闻趣事。比如，在帕特·萨米特（Pat Summitt，著名篮球教练）手下打球是什么感觉；卢·霍兹（Lou Holtz，橄榄球运动员、教练和分析人士）、史蒂夫·史普瑞尔（Steve Spurrier，橄榄球运动员和教练）、瑞·塔纳尔（Ray Tanner，棒球教练）是什么样的脾气秉性，如此之类。"

席克思发展神速：2009年6月，开始网上销售，同时也在休斯敦的一些精选商店出售。2010年，席克思开始通过溪中石（Brookstone）商品名录以及百家汇（Bed Bath & Beyond）、权威体育（Sports Authority）等商店在全国销售。而且，打算在2011年登陆家庭购物频道（Home Shopping Network）。米歇尔曾说："在体育服装频道销售床上用品，这有点儿不可思议。但实际上我们卖得相当好。因为这里有我们的粉丝，他们相信我们高品质的床单材料，更相信我们的创业故事。"

第三章

直面恐惧

20年后，你不会为自己做过的事情感到失望，而是为自己没有勇气去做的事情感到后悔。为了将来不后悔，现在就解开帆脚索，驶出避风港，让风儿鼓足船帆，怀揣着梦想去探索，去发现！

——马克·吐温

下面我想讲述一位女士的经历。我对她很是熟悉。她住在德克萨斯州一座小城的郊区，本来过着平凡的日子。突然间，她受人启发想去帮助其他人，但发现做起来没有那么简单，因为首先要直面自己的恐惧心理。

这位女士名叫帕姆（Pam）。她14岁时就认识了自己将来的丈夫迈克（Mike）。两人结婚时，迈克已是南卫理公会大学（Southern Methodist University）[1]医学院的大四学生。为资助迈克上完大学，帕姆主动从自己的学校退学，然后在一家餐馆当了服务员。之后，她生了两男一女三个孩子，成了一名全职家庭主妇。

原先，帕姆很想在时尚界有所发展，但有了孩子以后，她的兴趣点马上转到了健康方面。她开始学习关于饮食和锻炼的各种知识，并热衷于进行各种有氧运动，甚至还参加了一些比赛。这使得她的身体状况非常出色。帕姆经常锻炼，不抽烟不喝酒，但她喜欢吃一些富含饱和脂肪的食品，比如奶酪、冰激凌之类。1990年，她去做了一次血脂测试，结果胆固醇指数是242，出奇的高。受此刺激，她决定戒除这些食物。于是，6个月后，胆固醇指数下降到146。

为了祝贺帕姆的健身成就，迈克送给她一份大礼：出资让她去参加《好身材》（Shape）杂志在加利福尼亚州举办的健身训练营。在那里，他们可以向专业人士学习饮食与锻炼的相关知识。帕姆大喜，可也有自己的担忧：她从没一个人坐过飞机；换句话说，她从来没一个人出过远门儿。但她确实很想去，于是硬着头

---

1 Methodist，循理会，是基督教新教卫斯理宗的美以美会、坚理会和美普会合并而成的基督教教会。现传布于英国、美国、中国及世界各地。

皮出发了。结果，一切顺利。训练营的安排也非常周到。在那里，她开始跟身边的女士分享自己降低胆固醇的经验。

回到家后，她突然有了一种使命感，觉得应该把自己的经验讲给更多的人听。她为此动了不少脑筋，最终决定写一本健康食谱。两天后，她想到了一个相关的图片形象：一块黄油上印着一个类似驱魔师的标志——驱油师（Butter Busters）！

对，《驱油师》，这就是她想到的书名。帕姆用了将近一年的时间来写这本书。书快要写完时，新的恐惧出现了——下面该怎么办？她事后回忆说："我当时极度恐惧，因为我对出版业完全不了解。我真不知道下面该做些什么。"

由于和纽约的出版界没有任何联系，帕姆最终决定，书由自己来出。她翻遍了那种老式的黄页电话本，也去一些印刷厂实地考察了下，终于找到了一家。这里的员工看起来身体状况欠佳，帕姆很是为他们难过。帕姆之所以把印书的工作交给他们，是希望想借此让他们的健康状况好起来。他们正是需要这本书的人群！

印刷厂老板开价3万。帕姆和迈克当时可没那么多钱，于是恐惧再次来临：她得去说动银行借给她这笔在他们看来的"巨款"。

不管怎样，夫妻两个做到了。新书付梓了，那是1991年的8月。帕姆希望印刷厂能在圣诞节前后完成任务，但实际进展不尽如人意——非常不尽如人意。后来，帕姆不得不每天去印刷厂督促他们尽快完工，但她越来越意识到自己选的这家厂子真的没有这个能力。

终于，一个阴雨连绵的冬日，帕姆来到印刷厂，发现铁将军把门。她张望了一会儿，影影绰绰能看到几个人影，但怎么拍门喊叫也没人应。她赶紧找来迈克商量该怎么办。迈克有个朋友是警察，他喊来那个朋友，把印刷厂的门弄开了。即便如此也无济于事。帕姆将这个印刷厂告上了法庭，经过长时间的拉锯，帕姆最终拿回了自己的书稿——指望他们赔偿是不可能的，他们那时已经分文皆无。

相信大家都能体会帕姆这时的绝望与沮丧吧。这本书是她的使命——只是，现在该怎么办呢？她整日闷在卧室里，痛哭流涕，直到有一天，迈克对她说："够了。哭有什么用？我们再去贷一笔款吧！"

两口子又去了银行。至此，帕姆的出书计划让家里背了6万块钱的外债。帕姆又开始找其他印刷厂合作。上次的学费交得实在多了点儿。

老天有眼，这次的印刷厂效率奇高，只用了3周，就已经有5000本图书整装待售了。《沃孜堡明星电讯》（Fort Worth Star-Telegram）上发表了一篇关于帕姆的文章，文章很快就被全国多家媒体转载；一家地方电视台也采访了她；然后，5000本图书在3周内售罄。她赶紧把家里的餐桌当成办公地点，集合孩子们帮她贴邮票、写地址、打包、邮寄，书卖得越来越多：2万册……4万册……10万册……

接下来的16个月内，《驱油师》共卖出了45万本。纽约一家大型出版公司出资让她前往公司总部。在那里，他们强力建议她让他们公司出版这本书，并说只有这样才能让更多的人读到这本书，并开始下决心采用健康的饮食习惯。她当然同意了。

出版社还让帕姆参与新书的宣传活动。帕姆的性格本来非常内向，即便对着几个人公开说话都会手脚发颤，比如，当她带着几个女伴一起做保健操的时候。所以，这又是一次严峻的挑战。据我所知，在为期4周的新书宣传活动前，由于害怕，帕姆整日一个人待在卧室里，一会儿哭哭啼啼，一会儿大喘粗气。她后来回忆说，当时要是没有坚强的信念作为支撑，或者没有家人的大力帮助，她真是难以想象自己可以将宣传活动顺利完成。不管怎样，她终于鼓足了勇气，走出去向公众讲述了自己的驱油故事，并大力推介自己的新书。宣传活动成效显著。最终，《驱油师》共售出140万本。

尽管一路充满恐惧，但帕姆没有忘记自己的初衷——写一本书让人们懂得如何健康饮食。秉持这样的信念，书不但写出来了，而且取得了商业上的成功，也成了一段励志故事。帕姆曾说："我知道我的所作所为真的可以改变人们的生活习惯，这种信心支撑着我，使我有勇气战胜摆在面前的恐惧心理。"

知道为什么我如此了解帕姆的故事吗？答案很简单——她是我妈妈。

剑齿虎与企划书

恐惧心理无处不在，但一般人都不愿承认这个事实。因为在社会生活中，我们都努力避免去谈论这个话题；相反，我们谈论更多的是大胆与冒失。但是恐惧真真切切地存在着，存在于每个人心中，特别是当你准备创办新公司，面试新工作，或者鼓动人们参与某项伟大事业的时候。

恐惧陪伴我们度过一生。没工作的时候，我们害怕自己永远找不到工作。找到工作了，我们又怕被老板炒掉。准备投资时，我们害怕辛辛苦苦攒下的积蓄打了水漂。准备创业时，前期肯定要投入大量金钱、时间，包括信念，我们害怕失去所有这一切。

既然恐惧的存在是不争的事实，而且时刻陪伴着我们，那么，我们就应该学会如何与其正面交锋。第一步，了解恐惧为何物。

当我们对可能发生的情况感到紧张焦虑时，恐惧出现了。换句话说，恐惧针对的是还没有发生的事物。这就是人脑的工作方式，告诉我们要注意、要警惕前方的危险与危机。如果没有恐惧心理，我们的祖先就会一脚踩上了一只剑齿虎或猛犸象还不自知，稀里糊涂成了人家的美味佳肴。当然，我们现在想碰上一只剑齿虎或者猛犸象都不可能了，但这并非意味着我们就不用再倾听内心恐惧所发出的警告。不然我们就会不带降落伞而从飞机上跳下来，随随便便就和一个明显强过自己的大块头打架，或者眼皮都不抬一下子冲入车水马龙的街道。

　　恐惧心理更会带给我们一种生理上的震动，以便让我们合理应对紧急情况。这就是我们常说的"是打还是跑"（fight-or-flight），我们由此可以迅速做出决定，采取行动。但现在的问题在于，很多人不会因为恐惧而马上采取行动，而是因为恐惧而立刻停止行动。他们感到无所适从，于是退缩、放弃。恐惧心理成了他们无所作为的最好借口。

参加第一次送鞋活动后，我们全家人的留影。从左至右：我父亲麦克、妹妹佩姬、母亲潘蜜拉、我，以及弟弟泰勒。

这种错误犯得未免有点大。要知道，路遇凶猛的剑齿虎和开创自己的新事业所带来的恐惧大不相同，但是诡异的是，它们带给我们的生理反应却基本一致，那就是找一个安全港，规避任何危险与恐惧的可能。但请谨记，创业初期的那种恐惧心理并非我们可以掌控的，那完全是一种自然发生的行为。任何人，在创业过程的某一阶段，都会经历恐惧心理，但我们需笃定，这不会要你的命，至少在商业领域是这样。那些最终取得成功的人们总会直面自己的恐惧心理，并设法克服。

如果你多读一些成功企业的发展史，就会发现，绝大部分公司都有过被人拒绝、破产、失去资金支持，以致完全溃败的经历。那些公司创始人只要稍一动摇，就可能关门歇业。但是他们没有，他们直面恐惧，设法应对，直至最终取得巨大成功。

现在我要讲一讲山姆·沃尔顿（Sam Walton）[1]的故事。1945 年，他已经开始从事零售业。在《哈佛商业评论》（Harvard Business Review）看来，他当时"在一个二流州的二流小镇拥有一个二流百货店"。很多与其同类的商店最终都以失败告终，貌似沃尔顿的小店也难逃厄运。他当时没有多少零售经验，店址选得也不好，签租赁合同时又当了一回冤大头，白白多付了不少钱。

实际上，厄运还不止这些。没过多久，他又遭遇了一次致命

---

1 山姆·沃尔顿(1918—1992)，沃尔玛创始人，山姆会员店创始人，1985年成为美国首富，1992 年获布什总统颁赠的自由奖章。

打击。尽管如此，他还是成功逆转，如今他取得的成功是别人以前做梦都无法想到的。现在的沃尔玛，实力多强不言而喻，而沃尔顿也多次蝉联世界首富。人家是怎么做到的？《哈佛商业评论》上说："他的成功经验是，认定的事就要马上鼓足勇气去做。"尽管前期多有失误，但他对于低价商业模式的确信促使他排除万难、勇于争取。他做到了，而一些意志薄弱的从业者也许早已在前期的失误中丧失自信，一蹶不振。

每位成功人士都有失败的经历。如果你常常阅读商业传记，与成功人士交谈，或者聆听他们的访谈，就少不了听到看到"失误""犯错""砸锅""完蛋"之类的字眼。但是随后你会看到，这些负面经历竟然成了他们成功路上的一个个路标。这可真是我们常学常新的一门科目。

我敢保证，每个创业者都曾经有遭遇灭顶之灾的经历。当时，你感觉一切都是无望的，怎么努力都是白费。在 TOMS 公司的创业初期，我常常有这种感觉。我们公司与其他公司的运营模式多有不同，因此没有现成的路可走，前方一片迷茫与恐惧。这是创业过程中最难答对的考题。由此沉沦者与最终成功者的区别只在一个问题的处理上：如何对待此情此景？

很多人在这时选择退缩、放弃，开始为自己的不利局面找借口。我很能理解这种感受，因为这是人的天性。

恐惧的力量异常强大，我们越是关注它，它就越是不断膨胀，最终让我们的动作变形。但是，并非没有办法来应对这种情况。

我们应该不再关注恐惧本身，因为它也不再受制于我们，而是关注我们可以掌控的方面：我们自己的行为。应对消极心理的方式在此成为是否成功的关键。如果我们能够做到直面恐惧，把它看成创业过程中不可或缺的伙伴，那么我们不仅在下一次遇到类似情况时可以轻松应对，而且这种思维方式已经让你距离幸福与成功更近了一步。下面再讲一个初次创业者的故事。

威武酒业的"反恐"战略

考特尼·瑞姆（Courtney Reum）开始创业时还没有想到自己的企业会与热带雨林扯上关系。他在哥伦比亚大学获得了经济与哲学双学位，毕业时 32 岁，直接去了华尔街，在高盛成为一名投资经纪人，主要负责产品这一块。

在高盛干了几年之后，由于和运动盔甲（Under Armour）[1]以及维生之水（Vitamin water）[2]这些新兴品牌经常合作，使他产生了辞职去创业的念头。在高盛期间，考特尼间接参与了保乐

---

1 美国体育运动装备品牌，总部位于马里兰州的巴尔的摩。

2 诞生于纽约的水果饮料品牌，主打健康与时尚。

力加（Pernod Ricard）[1]与联合多美（Allied Domecq）[2]的并购活动，这使得他对酒类市场产生了格外的兴趣。他决心要给这个看起来死气沉沉的行业带来创新与活力。

2007年，考特尼和自己的兄弟卡特尔共同创办了威武酒业（VeeV），他们提出的口号是"喝出新感觉"（A better way to drink）。考特尼说，这种酒的新感觉源于其中添加的巴西莓成分，因为巴西莓富含维生素C和E。另外，威武酒业承诺，每卖出一瓶酒，他们就会捐出一美元用于热带雨林的保护。这一举动是通过尚巴宗（Sambazon），即巴西亚马逊地区可持续管理公司（Sustainable Management of the Brazilian Amazon）创建的巴西莓可持续发展项目（Sustainable Acai Project）来实施的。还有，威武酒业的酿酒过程使用的都是风能，因为风能是可以再生的。最后，值得指出的是，威武酒业是唯一能够达到碳排放平衡的酒业公司。

公司产品销售量一直非常不错，年均增长达到250%以上，已经成为销量领先的新兴品牌。

---

1 由法国两家最大的酒类公司保乐公司（成立于1805年）和力加公司（成立于1932年）于1975年合并而成，目前是世界三大烈酒和葡萄酒集团之一。保乐力加集团总部设在法国，在全球拥有72家生产企业，12,250名员工。是一家世界顶尖的洋酒生产商与销售商。

2 英国酒业公司，全球第二大烈性酒品牌。2005年，以76亿欧元被保乐力加收购。

跟每一位创业新秀一样，考特尼也经常心存恐惧。他说："我经常在早晨3点从噩梦中惊醒。公司启动没几天，我就深感自己对酿酒行业是多么无知，自己有太多东西需要马上学习。我们也不知道会不会有人仿造我们的产品。总之，一句话：我们天天战战兢兢。"

下面就是考特尼与我分享的一些关于如何应对恐惧心理的策略：

无论结果如何，生活总得继续

考特尼解释道："离开高盛时，我心里确实很没底。但再思量，我开创威武酒业时充其量也只有27岁。我在想，要是开公司的事儿一败涂地怎么办？最坏的结果会怎样？也许等我到了30岁，公司依然不算成功，可我也算有了一段难忘的经历，而且还能继续干点儿别的什么。换句话说，最坏的结果也没大家想的那么坏。确实，商业上的失败让人沮丧，而且在一段时间之内心理上会接受不了，这很正常，可你的职业生涯并不会因此而遭遇多少负面影响，而且依然可以前途光明。我就认识一些创业者，他们在自己的生意上确实干得不好，但从另一个角度来说，他们最终还是取得了成功，因为，有了开办公司的经历之后，他们可以从事的领域空前扩大，一些公司在看到他们的经历后，会毫不犹豫地把一些重要职位交给他们来掌管，这是那些不敢冒险的人难以获得的事业机会。"

不要恐惧未知

"人们害怕未知，但我们要明白，严格来说，将来的一切都属未知，没有人能真正了解自己能够走到哪一步。刚开公司的时候，我们也明白前途未卜。我和我兄弟对酿酒行业所知甚少，甚至都不懂什么是分销商，更别说去哪儿找这些人了。

"大家一般都认为应该先对某个行业彻底了解之后才能真正动手做事。但这几乎是不可能的。没有人会对一个行业了如指掌。有了想法，就会充满力量，拿出点儿钱来，尽力去做呗。如果你把所有的时间都用来学习与准备，你永远也不会准备好。这样，创业这事儿就遥遥无期了。"

人人都会犯错

"人们开始接触新事物时，都会害怕犯错，于是很容易患上分析麻痹症（Analysis Paralysis）。我们很容易陷入这样的思维定式：每一个决定都很重要，需要反复权衡。结果，权衡太久，一事无成。如果你不太明确船应该驶向何方，那也应该让它朝着某个方向走，这样总比看着它原地打转强。就算犯几个错也不至于让船沉入水中。有可能船上会破个洞，然后水会透进来，但这也不至于让船沉没。一般来说，创业早期犯的错误都可以在以后的发展中弥补过来。"

不管别人怎么想

"我敢保证，我在高盛时期的某些同事要是知道我辞职开酒厂的事，肯定会一脸冷笑地说：'考特尼这小子闹不出什么名堂来。'是啊，他们可能说得不错，可那又怎么样呢？我们哥俩儿现在赚得有可能真没有他们多（要是他们现在还在高盛的话）。但是我们做的是自己真正喜欢的事业。这就够了。不错，开始的时候，一想到别人有可能会讽刺挖苦，心里确实不好受。不过转念一想：这些人我以后再也见不到了，心里就轻松很多。"

"最佳"创意害死人

"很多初次创业的人总会在这个问题上犹豫不决：这是最好的想法吗？当然，有个好想法当然重要，但是，不要忘了，一个企业的成功更多地取决于实施阶段，而不在于想法是否绝佳。我宁愿有个一般的想法，然后严格执行，也不愿想法高妙，执行力却很差。"

驱魔心法

现在，TOMS 公司发展得不错，我们在财政上也比较有保障，所以，我已不再有创业初期的种种恐惧。不过，在写这本书的过程中，我又回想起了当初的一些恐怖场景，比如，在资金极度紧张时，我们经常恳求供货商能否允许我们延期付款，有时拖延的时间会很长，这对于一般的供货商来说是很难接受的。我记得，自己每天都会和管账的贾斯丁（Justin）核计，这周可以支付哪位供应商的货款。（一般的规律是，贾斯丁会回忆，自己在跟供货商打电话要求延期付款时，谁的态度最恶劣，谁喊得最凶，那么就先还谁的欠款。这是不是也可以算作"会哭的孩子有奶吃"？）我们在各家银行的信用贷款都到了最高额度，所有的信用卡都已透支，各家银行天天都打电话来催债。另外，我们还有销售和捐赠的双重压力。

最可怕的是，由于媒体已经在大肆宣传我们商业与慈善相结合的新型模式，很多人都在不错眼珠地盯着我们。我们要非常谨慎，不能失误，因为任何失误都会暴露在公众面前。

但是我还是找到了一些与恐惧心理共存而相安无事的办法。其中之一就是努力一步步实现自己讲出来的故事。

这让我回到了那个核心问题：我为什么要做这件事？一旦回

在我们的第一家阿根廷鞋厂，最早期的实习生强纳森和我正在
学习如何制鞋。

忆起最初的梦想，就能够极大地为自己的事业正名，这样就消除了心中的疑虑，大胆地对自己说：我不是一个骗子！一旦确认了那就是自己的初心，你就有勇气坦荡做人，无须任何伪装。做好自己就已足够。有人说，不怕输的人最可怕，在商业战线上也是这样。带着初心行动，就可以让使命与行动融为一体，这样就能够消除羞愧或者失望的心理。而这两种心理是导致恐惧的深层原因。只要能够输得起，没有恐惧能打倒你。

另外，我身边全都是实习生。实习生的好处是，他们对一切都充满了新鲜好奇感，巴不得尽快去尝试一下，所以哪儿还有时间去恐惧？去害怕？只要做的事情听起来看起来很重要、很有意义，他们就会满怀热情投身其中。身边围绕着这样一群充满激情与活力的年轻人，而且他们都在为你公司的成功而奔波忙碌，怎能不令你信心百倍，满足感爆棚！这样，有他们的鼎力相助，你的任何好想法都可以很快变成现实。所以，充分利用实习生吧，不管你曾经感觉自己多么前怕狼后怕虎、满腹疑惧，他们都可以让你返老还童，变成信心达人。

还有一种办法，那就是充分利用一些催人奋进的名人名言。这种方式简单易行，而又十分有效，它们在我与恐惧心理作战的过程中发挥了重要作用。特别是那些经历了恐惧与困苦的成功人士所说的话。用这些充满力量的言辞将自己包围吧！

创业初期，我时常感觉孤单，于是就在公寓内贴了不少这类名言警句。他们就像好朋友一样时刻陪伴着我，让我不再感觉孤单。

一看到好的名言警句,我就会把它打印出来,或者从杂志上剪下来,随后贴在墙上。创业之初的 6 年间,我的公寓中满是这样的标语,就像是龙卷风吹来的纸片一样多。

下面就列举一些有关如何克服恐惧的,它们在我事业陷入最低谷时真的推了我一把。

改变思想,你就能改变整个世界。

——诺曼·文森特·皮尔(Norman Vincent Peale)

很多最终失败的人从没有意识到自己放弃时距离成功只有咫尺之遥。

——托马斯·阿尔瓦·爱迪生(Thomas Alva Edison)

成功者能够从一个失败走向下一个失败,但却热情不减。

——温斯顿·丘吉尔(Winston Churchill)

每一次停下来直面恐惧时,你总能从中获取力量、勇气与信心。你可以大声地对自己说:"我已战胜了恐惧。未来的一切我都不惧。"……一定要尝试一下你认为自己做不来的事。

——埃莉诺·罗斯福(Eleanor Roosevelt)

除了借助名人名言，我还经常阅读名人传记。我大学没有读完就出来创业了，所以读的书都是自己找来的，不是教授们指定的。我最喜欢的书就是传记，有的是关于商业成功人士的，有的不属于商业领域却同样可以给人以启发。

　　举例来说，当计划创建自己的有线电视频道时，我发誓要读遍与此类业务有关的人物传记，比如有线新闻网（CNN）的创始人特德·特纳（Ted Turner）。创办 TOMS 期间，我读过维珍集团（Virgin）[1] 创始人理查德·布兰森（Richard Branson）、巴塔哥尼亚（Patagonia）创始人伊冯·乔伊纳德（Yvon Chouinard）、玫琳凯化妆品公司（Mary Kay Cosmetics）创始人玫琳凯·艾施（Mary Kay Ash）、西南航空（Southwest Airlines）创始人赫伯·凯勒赫（Herb Kelleher）以及星巴克（Starbucks）创始人霍华德·舒尔茨（Howard Schultz）的传记。另外还有一些公司的介绍，这些公司除了营利之外，都还有着其他一些更为远大的目标。

　　我建议大家阅读名人传记，指的可不仅仅是图书形式。网上有很多类似传记的资料可供查阅。假如你想开创一项与环保有关的公益事业，或者在职业生涯的中后期转换工作，去网上找找谁和你想做的事情雷同。这样的故事在网上不胜枚举，他们或者已

---

1 由理查德·布兰森爵士创办，集团业务范围包括旅游、航空、娱乐业等。

经功成名就，或者依然在努力拼搏，但不管怎样，看到别人在做类似的事情，你的恐惧心理就会减轻很多，这种感觉就像是在走一条新路时突然看到了别人的脚印，于是明白自己不是一个人在冒险，那种宽慰的感觉我想大家应该可以体会。

还要记得不要好高骛远。不要把你的下一步看成一次大冒险，它其实只是你漫长征程中很小的一步。

志存高远，这个词听起来很不错，但却是很多初次创业者常犯的错误。我们公司成立后，第一批产品只是装在三个帆布袋子里的 250 双鞋。我并没有辞去以前的工作，也没有大把大把地往新业务里投资。我只是做了 250 双鞋试着卖卖。

从小处着手，你就可以一步步实验预定的线路，验证自己的想法是否合理，同时也锻炼自己的胆识。日语中有一个概念叫作"持续改进"（kaizen），就是说每天取得的一点点进步汇聚起来就是将来的无上辉煌。这一概念是 20 世纪 80 年代由日本的汽车生产商提出的。他们通过不懈努力，不断积累每天的小小进步，而不是总想着一鸣惊人的创新，最终他们几乎统治了美国的汽车市场。如果你脑中常有这一观念，再大的目标也不会让你感到遥不可及，无法触碰。

对于已有一份工作的人来说，从小处着手最为适合。举例来说，你是一名数学老师，但你真正喜欢的是烤蛋糕。你完全没必要辞掉工作。你可以抽出几天度假的时间，找个蛋糕店实习一下，看看这份工作是不是真像自己想得那么有趣。你可以白天教数学，晚上烤蛋糕。这样，既学到了必要的技能，又维持了稳定的收入。

如果你发现自己很喜欢这个副业，那就可以采取进一步行动了。尽管知道要学的东西还有很多，但至少这时的自己不是两眼一抹黑了。

有时，我还会把让自己感到恐惧的事情写下来，认真审视它们。当恐惧在你脑中挥之不去时，人的想象力会出奇的好，能够设想出各种对自己不利的可能性来。但是如果你能够把它们写出来，客观地去看待它，恐惧心理就像被移出了你的身体一样，慢慢失去了对你的控制力。

一旦恐惧袭来，我就会拿出一张纸，在中间画一条竖线，左侧写出我的恐惧来源，右侧写出可能发生的最坏结果。

举例来说，公司初创期间，我在一侧写道：

"如果没有人买我们的鞋，结果会是这样的：5000 块钱的工本费就算是白扔，3 个月的努力就算是白费。"

而在另一侧，我写道：

"就算是一双也没卖出去，至少我还在阿根廷玩了 3 个月，学会了一项新技术，交了不少好朋友，而且总体来说都很开心。"

我的终极"恐惧杀手"是征求别人的意见，谁的都行。只要你去问，总会有人给你提出相当不错的点子。不错，很多人都懒得理你，不管你多么小心翼翼地与他们接近。可是别忘了，那些愿意分享自己想法的人数量更多。

充分利用互联网，你几乎可以联系到任何你想联系的人。在

好处：

① 新的挑战

② 能帮助很多孩子

③ 能在阿根廷多呆一阵

④ 这种鞋确实舒服，就算卖
　不出去，当作圣诞礼物送
　给朋友也是好的

⑤ 可以先在加州的一些网店
　试着卖一下

⑥ 本来就很想做慈善

⑦ 我现在兴奋异常，这种感
　觉前所未有！！！！

问题：

① 不知道人们会不会喜欢

② 一旦投入进去，就无法参
　与其它创业活动了

③ 没有成熟的商业模式可供
　模仿

④ 如果真有了销量，去哪儿
　生产这么多鞋？

⑤ 钱从哪儿来？？？

网络上，人们提出建议时不会左思右想，犹豫不决，所以很多成功人士都会很乐意与你分享他们的好点子。过去，想跟某位成功人士见个面是多么不容易：战战兢兢地给人家打电话，预约人家合适的时间，还得跑到指定的地点会面，然后说话办事都要看人家的脸色。现在不用了，发个电邮，过不了多长时间，就很可能收到行之有效的答复。

我发现，成功人士愿意给两种人提出中肯的建议：一种是让他们感到同情的人，一种是那些与自己有相似之处者。我听说过很多故事，讲的都是一位想创业的年轻女士向某些成功的女企业家寻求帮助，结果满载而归。这主要是因为女企业家能够在她们身上看到当初的自己，所以，她们就像照顾自己的孩子一样关爱这位创业者，从而看着她们的事业一天天壮大。

2002 年，我参加了《极速前进》这个节目，亲身感受到了真人秀节目的魅力，于是决心创办一个全天候真人秀频道。我做了大量相关调查，最后联系到了杰克·克罗斯比（Jack Crosby），他是有线电视行业的开拓者。跟我一样，他也来自德克萨斯州，而且创办自己第一个有线电视频道时也是二十多岁。而现在，如果有线电视发展历程中也有类似摇滚名人堂之类的评选，他肯定名列其中。他很快就成了我的事业导师，为我提出了很多行之有效的建议，而且，在帮我创业的过程中，他似乎又回到了自己最初施展拳脚的青葱岁月，一不小心就怀旧了一把。

"最佳时机"永远不会出现

不管我们想开创什么事业，核心恐惧之一就是所谓的"现在是不是最佳时机"。我们总会感觉现在时机不对，等一等也许会更好。畅销书《每周工作4小时》（The 4-Hour Workweek）的作者蒂姆·费里斯（Tim Ferriss）曾谈到"时机"的问题："想做重要的事，就不要提'好时机'这样的鬼话。等个好时机辞掉工作？你是不是得夜观天象，然后找个良辰吉日，或者等到街上的绿灯同时亮起？全世界不会同时与你为敌，但也别想着同时与你为友。所以，没有什么最佳时间。如果你总在等将来的某一天，那就等着和你的所谓梦想一起下葬吧…… 如果你觉得有些事对你很重要，你思来想去最终还是会做的，那就不如马上做，然后在行进过程中慢慢调整方向。"

如果你习惯于等到好时机再采取行动，一般来说你就没有机会行动了。这段等待的时间会让你的恐惧心理与日俱增。我就曾经遇到过这样的情况。

我的另外一位导师是企业家卡尔·韦斯科特（Carl Westcott）。他开创了很多家公司，包括1-800鲜花服务公司（1-800-FLOWERS）和韦斯科特通信公司（Westcott Communications）。他还在很早的时候就投资过卫星广播和各种在线业务。

当时，我正在为真人秀频道筹资，于是就冒昧地给卡尔打了一个电话，正好当时他的儿子考尔特（Court）也在身边。卡尔答应与我谈谈，原因有二：一是考尔特对有线电视感兴趣；二是他当时已经从闭路电视节目中赚了一大笔钱。最终，他没有给我们投资（他说风险太大——事实证明他完全正确），但是他对我很有兴趣，于是便同我建立了半公半私的联系。

彼时，他投资的公司叫作"数字证人"（Digital Witness），是一家新兴企业，主要业务是帮助餐厅管理者监管自己的员工。2006年，卡尔邀请我管理他开创的西海岸公司（West Coast）。这对我可是个绝好的机会，高工资、公司分红，这些暂且不论，单单想到能与自己崇拜的偶像共事就让我兴奋不已。

不幸的是，这次邀请正在我去阿根廷之前，我说等回来再答复。几个月后，等我回到美国，他再次询问我的最终决定，我有些不知所措了。我不想失去与他共事的机会，而且，这份工作本身也很诱人，工资丰厚，且很有保障，远胜过我那刚刚起步的TOMS。但是，我当时对于TOMS的想法满怀激情，觉得如果不去试一试，将来总有一天会后悔。于是，我婉言谢绝了卡尔的邀请。作为补偿，我送给他和他的家人几双样品鞋，这可是公司第一批货中的几双。他们现在还收藏着这几双鞋。我问他为什么对TOMS如此喜爱，他说："原因很简单：如果你坚持做下去，

让公司在世人心目中大放异彩，那么我们这几双 TOMS 可就成了
'鼻祖鞋'，将来势必价值连城，可以在易趣网（eBay）[1] 上拍
个高价。"

---

1 一个管理可让全球民众上网买卖物品的线上拍卖及购物网站。ebay 于
 1995 年 9 月 4 日由 Pierre Omidyar 以 Auctionweb 的名称创立于加利福尼
 亚州圣荷西。人们可以在 ebay 上通过网络出售商品。

第四章

随机应变

> 想象力比知识更重要。
>
> ——阿尔伯特·爱因斯坦

TOMS 初创时期，我们手边可用的资源很少。更准确地说，是根本没有。

每卖出一双鞋，就要向贫困儿童捐赠一双，这种概念是我们原创的，因此没有成功的先例可以作为佐证来说服别人支持我们。说实话，我们自己也不知道这种方式能不能行得通，因此，在说服别人时我们自己心里亦底气不足，所以融资的时候就会比传统商业模式更为困难。我们需要不厌其烦地向那些数字奇才解释我们的全新理念,因为这些人以前做任何商业决策看重的都是利润,而不是我们这种类似哲学的理念。

　　资金匮乏,筹集不力,而且没有确定的商业模式,我们只能抄一些别人尚未涉足的近路。

　　我做的第一件事就是招聘员工,因为那时我还是个光杆司令。我在克瑞格列表网站上发广告招人。广告上说,TOMS公司招聘夏季实习人员,从事设计与市场营销工作,详情可以登录TOMS官方网站。网站的内容与设计非常出色,绝对能够让人们相信我们做的是大买卖:

　　（posting ID）：143649614

　　回信地址：（tomsshoes@gmail.com）

　　主题：销售工作　时尚鞋业公司正在寻求超棒的实习生！

　　如果你头脑灵活、创意无限且有商业头脑，那么，这机会就是为你而生的。

　　TOMS是一家发展潜力无限的新兴企业，总部位于加利福尼亚州的威尼斯市。我们的产品风格是阿根廷时尚与加州冲浪文化（California Surf Culture）的完美融合。我们承诺：每卖出一双TOMS，就会捐赠一双新鞋给拉丁美洲和非洲的贫困儿童。

　　公司中的下列职位虚位以待：

超棒的商务实习生。你将有机会和 TOMS 的总裁共事，他可不只是会让你端咖啡。你将在公司的广告宣传、市场营销、品牌发展、商品物流各个方面大有发展。

网页设计实习生。你必须掌握网络设计技巧，而且成绩优异、经验丰富。你的工作好坏将直接影响公司未来的发展。这里的实习经验将为你的简历增添浓墨重彩的一笔。

尽管实习期间没有任何收入，但如果你表现优异，将很有可能正式入职，那时的薪酬将会十分优厚。

有意者请将简历发送至 tomsshoes@gmail.com。

万分感谢

Blake Mycoskie

很多人看到这些信息都非常兴奋，想到可以学到这么多东西，这家公司一定不同凡响，于是好多人投来了申请信。但当他们来到公司总部（注：就是我租的那间房子）后，多数人的热情瞬间蒸发。

当时，我住在加州的威尼斯市，那个地方更适合毒贩往来，而不会吸引那些想在暑期打工的实习生。来面试的人在进入我的公寓前，先要穿过一排看起来有点儿瘆人的铁丝网，上面还有不少倒刺。因为没有会客厅，他们只能坐在厨房的桌子旁边，看着上面我刚刚吃剩的半截卷饼、几双样品鞋和乱糟糟的文件之类。有些面试者原本设想，我们会是一家大型公司，公司里坐满了衣着光鲜、长相帅气的年轻才俊。这些人没待多久就迅速撤走了。但也有人看到了机会——白手起家创业，然后成为公司元老的机会。

我们在5月份招进了第一批员工——3名实习生，7月份又招进了3名，其中就有我弟弟泰勒（Tyler），他是被我生拉硬拽进公司工作的。家里有这样的资源怎么能不好好利用呢？

因为他们是来实习的，所以拿不到工资。当然，以公司当时的条件，确实也发不出工资。为了补偿他们的辛勤劳动，我们经常出去好好玩儿一通。我们的口号是，拼命工作拼命玩。有时候这两者会有冲突。有一次，我们在公寓里一直疯玩到很晚，泰勒困得不了了，一头栽倒在我的床上呼呼大睡，第二天天光大亮还有没有睡醒。我像往常一样早早起床，出门赴约。乔纳森在公司里还要约见一位女士，她是UPS[1]的地区代表（当时为数不多的与我们合作的公司之一）。我们的办公室就在公寓里，所以他们就选在卧室里会谈（厨房和客厅变成仓库，堆满了准备邮寄出去的各式TOMS）。

刚谈了没十分钟，两人突然发现从床上坐起一个蒙着白被单，像鬼魂一样的东西。那位女代表吓得大声尖叫起来。

原来是泰勒醒了。他身上盖着一堆被褥，乔纳森和那位女代

---

1 联合包裹速递服务公司（UPS, United Parcel Service），1907年成立于美国华盛顿州西雅图。这是世界上最大的快递承运商与包裹递送公司，同时也是运输、物流、资本与电子商务服务的领导性的提供者。

表刚刚进门时没有注意到床上还躺着一个人。幸好，泰勒穿着睡衣，要不然场面就真的不好收拾了。那位女代表很快明白了是怎么回事，她倒是没太计较这件事，只是把这事儿当成了这次约见中的一个插曲而已。

公寓是我们和其他人合租的，因此另外两间卧室住着其他两位室友。两个人的工作都是朝九晚五，十分规律。所以，当他们出去上班的时候，我们就要把公寓变成办公地点。我和两位室友协商时他们表示基本可以接受我们的做法，只有一个小小的要求，就是6点下班回来看到家里一切井然有序就可以了，他们也就不会多说什么了。还有就是两位都不希望我们用他们的卧室，这一点当然可以理解了。感谢两位室友的理解。

由于房间太小，而库存量又很大，所以到了夏天，我们决定搬到院子里去办公。我在小院儿里摆了一张桌子、一把椅子，简易办公区就形成了。由于整天待在室外，我的皮肤晒得黝黑黝黑的。有些来跟乔纳森会面的人会问他："穿着游泳裤在外面晃来晃去的那小子是谁呀？"

后来，生意越来越好，我们需要的空间也就越来越大，迫于无奈只能临时借用两位室友的卧室了。不过在他们回来之前，我们会把屋子收拾得一尘不染。所以，尽管他们知道我们借用了他们的卧室，看到公司的这种情况，他们依然保持沉默。

不过呢，在一尘不染前面还得加上"尽量"两个字。我们经常占用的是吉米（Jimmy）的卧室。他当时主管我们创办的在线驾驶员培训网站。忙活一天之后，他希望回家后可以好好歇一歇，可很多时候却能在卧室里找到不少碎纸片儿。这些是从鞋盒子里掉出来的，我们实在是没时间把这些小东西清扫干净。吉米有点儿洁癖，所以每当看到这些纸片儿就有点儿受不了，感觉浑身不舒服。整整 9 个月的时间里，他没少向我们抱怨，所幸他付的房租最少，所以也不可能会勃然大怒（幸亏他没有大发作，否则我们后来就不会邀请他来负责我们的国际销售业务了）。

媒体对公司的大力宣传，使得我们的订货量有了大幅度提高，而当时加上我，公司总共只有 4 个人，一部无绳电话，电池也不给力，用不了多长时间，就没电了。所以，我们的策略是谁离电话最近谁来接。

有一次，电话铃响起时我正好在旁边，于是拿起来说："您好，这里是 TOMS。"

对方有点儿紧张："我们是诺德司特龙。我们现在急需 100 双 TOMS。"

诺德司特龙公司有一个庞大的鞋类部门。一般来说，要想见他们不等个几年根本见不到面。可当时那位男士说，他们老板在杂志上看到了 TOMS 的照片，有些顾客已经去他们的店里订购了。于是，他们就打电话向我们订鞋了。

他对我说："我是助理采购员。我们老板就在我身边。我得赶紧把这笔订单处理好。"

我回答说："我也很想赶紧把鞋给您送过去。可是我们现在确实没有存货。"这是实话。

他说："你们怎么不明白？我们是诺德司特龙。我们马上就要！"

我说："先生，我们真的是没有哇！"

那位马上就发火儿了："给我接你们的销售部门。马上！"

我们哪儿有什么销售部？我不知该怎么办，就顺手把电话给了旁边的女孩儿。她无奈地耸耸肩："您好，这里是销售部。"

那哥们儿又跟女孩儿唠叨了半天，女孩儿也说没有现货。他哪里知道，我们几个人就坐在一个屋子里。他又要找客户服务部。于是，女孩儿把电话又转给了另外一个实习生。

还没等那哥们儿说话，那个实习生就说："您先听我说。刚才第一个接电话的就是我们公司的创始人，第二个是我们的一个实习生，我也只不过是一个实习生。"

话筒那头的那哥们儿想是一愣，随后忍不住哈哈大笑："你们公司就这么点儿大？"

"是啊，我们现在是小公司。"

他于是没话说了，等了两周，我们把鞋子送了过去。现在诺德司特龙是我们的大客户。

车库"圣地"

　　这些故事并非只是讲出来有趣，它们同样蕴含了我们的激情以及对于事业成功的无限向往，而这些正好弥补了创业初期因物质匮乏和精神焦虑造成的缺憾。当代很多成功企业都有着类似的创业神话，而这些神话中都少不了一个"圣地"——车库。（当然，也不一定真的是车库，还有可能是公寓、地下室、阁楼，甚至在汽车里。）在一个随便找来的、面积狭小的地方开始创业不仅乐趣十足，而且能够吸引实习生和公司的早期员工。首先，他们看到你在一个不太像样子的地方开始创业，自然就降低了对于公司待遇方面的期待。没有人会指望从一个设在车库里的小公司可以马上获得多少经济回报，他们更感兴趣的是可以参与创业过程。还有就是，如果公司的办公地点设在车库里，大家就会感到人人都很平等，不会去争夺办公室里某个优越位置，或为了额外的工资奖金而彼此不和，这样，公司里就自动屏蔽了各种办公室政治和等级观念。每个人都认为自己是团队中不可或缺的一员。这样的公司文化真是可遇不可求。

　　全世界很多大公司都是从具有象征意义的车库中获得灵感的。美好生活公司（Life Is Good）创始人伯特和雅可布兄弟（Bert and John Jacobs）起步的时候就在他们的厢式货车上卖自己生产的衬衫。肯尼斯·柯尔（Kenneth Cole）[1]的第一次"鞋展"是在自己汽车的后备厢里。本（Ben）和杰瑞（Jerry）贷了4000元的款，然后加上自己8000元的积蓄，在佛蒙特州的伯灵顿租了一个废弃不用的加油站，开办了自己的第一个冰淇淋店。马克·扎克伯格（Mark Zuckerberg）创办"脸书"时住在哈佛大学的宿舍里。凯文·罗斯（Kevin Rose）创办掘客网（Digg）[2]时住在自己租的房子里。雷德·霍夫曼（Reid Hoffman）创办"领英"（LinkedIn）[3]时的办公地点就是自家的客厅。史蒂芬·乔布斯（Steve Jobs）创办苹果公司时就在自家的车库里。

不过，这并非这些年才出现的现象。几乎所有如雷贯耳的成功大公司在创办初期都是筚路蓝缕。举例来说，20世纪50年代，露丝和艾略特·汉德勒夫妇（Ruth and Elliot Handler）在加利福尼亚州自家的车库里创办了一个生产画框的小作坊。他们

---

1 美国服装设计师，主要设计各种鞋类产品。

2 第一个掘客类网站。掘客类网站其实是一个文章投票评论站点，它结合了书签、博客、RSS以及无等级的评论控制。它的独特在于它没有职业网站编辑，编辑全部取决于用户。用户可以随意提交文章，然后由阅读者来判断该文章是否有用，收藏文章的用户人数越多，说明该文章越有热点。即用户认为这篇文章不错，那么dig一下，当dig数达到一定程度，那么该文章就会出现在首页或者其他页面上。

3 创建于2002年，致力于向全球职场人士提供沟通的平台。作为全球最大的职业社交网站，LinkedIn的会员人数已超过3亿，每个《财富》世界五百强公司均有高管加入。

还用生产画框所剩的边角料生产为孩子们准备的娃娃屋家具。后来他们发现，生产娃娃屋家具的利润竟然比生产画框还要高。于是，1955 年，他们生产了一种与娃娃屋配套的娃娃，并取名芭比（Barbie）。知道这是哪家公司了吧？对，美泰（Mattel）！

同样在 20 世纪 50 年代，有一位住在底特律的男士。他和家人住在楼上，而把一楼腾出来作为录音棚，最后，由于地方不够，车库也用上了。很快，下面这些人物争相来这里录音：戴安娜·罗斯（Diana Ross）、"至高无上"组合（the Supremes）、诱惑乐队（the Temptations）、史提夫·汪达（Stevie Wonder）以及格蕾蒂丝·奈特与种子组合（Gladys Knight and the Pips）。听说过这些名字吧？这就是小伯瑞·高迪（Berry Gordy, Jr.）的创业故事，他的公司名叫摩城唱片（Motown Records）。现在这个车库是摩城历史博物馆（Motown Historical Museum）的一部分。

想象力胜过金钱

资源匮乏不能成为羞于创业的借口。可以说，正是因为缺乏资源，我们才会更有创造力和竞争优势。有些人，脑中有了很好的想法，却畏首畏尾，不敢向前，因为觉得自己缺乏其他一些必需的条件。但我想说的是，正因资源匮乏，才使得 TOMS 能够快速成功。为什么这么说呢？我来解释一下。

过于安逸的环境会磨损你在商业上的创造力。没有什么比过早出现的安全感对一个企业伤害更大。创业初期的资金紧张会让你不时想出一些应急的好点子来，而这些会逐渐成为公司基因的一部分，就算以后做大了，你依然会保持先前勤俭务实的本性。以 TOMS 为例，现在我们的规模不小了，资金也算雄厚了，按理说不必像先前一样艰苦朴素了。实际上呢？我们没有这样。我们依然强调要创造性地解决问题，对一切开支都锱铢必较。我们的口号是：铁公鸡、铜仙鹤、玻璃耗子、琉璃猫。这样说当然夸张了些，但是那种发挥创造性、竭力保资源的企业精神一直没变。我们相信，这是我们取得更大成功的动力之源。

再举个例子：2001 年，汤姆·萨奇（Tom Szaky）生产出一种用虫类排泄物加工制作而成的液态肥料，然后考虑用什么瓶子来装这些产品。他在市面上看过不少瓶子，但即使其中价格最便宜的他也嫌贵。有一天，他偶然注意到了那些废弃的塑料汽水瓶，觉得这东西价格便宜，正是自己需要的。很快，他成立了"太拉回收"（TerraCycle），这家公司生产我们刚才提到的天然植物肥料，而且是用废弃的瓶瓶罐罐来盛装的，而这些容器基本上不用花钱，因为它们大多是由一些公益组织捐赠的。现在，他们公司有了新的定位，重点转向了废旧产品的回收，用这些材料生产出了手机支架、单肩背包等一系列产品。这样，就减少了垃圾数量，避免了垃圾围城。公司成立 10 年来，每年的销售额都成倍增长，

在加州圣地牙哥的行动体育用品零售商展览会场上我们亲手布置的摊位。

很多大型百货公司里都可以找到他们的产品，比如家得宝（Home Depot）、目标百货（Target）、沃尔格林（Walgreens）、办公麦克斯（OfficeMax）等等。

萨奇曾赢得一次商业计划比赛，比赛的奖金用以维持创业初期的费用。当时，他雇用了 35 名不拿工资的实习生。他把这些实习生都安排在一个公寓楼里，大约三四个人一屋。每天早晨，他要亲自去喊他们起床，他的方式也让人忍俊：用大喇叭放香草冰（Vanilla Ice）的说唱歌曲，这样吵也把这些小伙子们吵醒了。

著名的硅谷（Silicon Valley）风险投资人迈克·马普勒斯（Mike Maples）曾说，一个新公司，如果初始资金过多，反而更容易失败。太多的资金不仅无益，而且有害。他指出，公司初创资金与最终成功度之间呈反比关系。所以，像思科（Sisco）、谷歌、脸书、掘客网，甚至微软这样的蓝筹股公司，在创业初期都是非常节俭的。

确实，既然有人愿意出钱资助，我们又怎么好意思将人拒之门外呢？可是，如果你手头的资金过多，就会自然而然冒出铺张的念头。本来单筒影印机就足够用了，但稍微头脑发热就会买个三筒的；本来有几个手机就能保证交流通畅，可心血来潮的你没准儿会引进一套看起来非常气派的通话系统，而实际用起来也没那么顺手。或者，你还可能设置一些无关紧要的职位，雇用无关紧要的人员，比如名目繁多的副总裁，他们天天无事可做，就知道给人发名片，广而告之自己是副总裁。最要命的是，拿人手短，接受了人家的资金，就得听人家的使唤，定期向投资人汇报，回答他们提出的各种无聊问题，接受他们的所谓建议（有时候其实非常低级），而这些都可能打乱你原来的创业初衷。

过去 10 年里，有很多公司运营失败的例子，它们中很多竟然是因为闲钱太多。这个理由是不是有点出乎你的意料？设想一下，如果当年的宠物网（Pets.com）资金没有那么宽裕，是不是就不至于倒闭？这家公司成立于 1998 年，属于新兴在线宠物用品公司。他们很快就汇聚了 3 亿美元的风险投资，这使得他们敢于在 2000 年 1 月份举办的超级碗比赛（Super Bowl）[1] 中花费几百万来做

---

1 美国国家美式足球联盟（也称为国家橄榄球联盟）的年度冠军赛，胜者被称为"世界冠军"。

电视广告。尽管广告效应不是特别理想，他们却似乎已经无法停止烧钱。柯克·谢菲茨（Kirk Cheyfitz）曾写过一本名为《在盒子里思考》（Thinking Inside the Box）的书，根据里面的统计，宠物网在第一个财年的广告费为1180万元，而收益只有区区62万元。2000年秋季，宠物网宣告破产。试想一下，如果他们当年稳扎稳打，是不是更有可能发展壮大？他们的创意原本不错，现在就有很多家在线宠物用品公司经营得很好，但是，具体经营方面肯定是出了问题。我总认为，假如当年他们能够把手攥得紧点，成功的概率肯定会高很多。

同样，网上大篷车（Webvan.com）最初也是提出了一个非常鼓舞人心的想法——食品百货直接送到顾客家门口。凭借这一创意，他们很快筹得了一大笔钱。实际上，百货行业的利润率一直都比较低。这家公司1999年成立于加州的福斯特城（Foster City），截至2001年，已经延伸到了其他8个城市，而且谋划着很快就能把业务扩展到35个城市。通过上市，他们筹集了3亿2000万资金，但由于开支过大，2001年年底就破产了。这些开支主要包括昂贵的仓储设施和2000名员工的工资，当然还有其他一些让我们这种小公司听起来咂舌的大手笔。而没过几年，有几家公司，比如鲜货直达（Fresh-Direct），秉承了他们的这一创意，但是他们更为稳健，更注意经营策略，现在已经发展得很好了。

在线玩具公司（eToys）是另一个"网络泡沫"的牺牲品。

他们同样成立于 20 世纪 90 年代，通过运作很快筹得巨资，在各种媒体上出尽了风头。上市第一天，他们的股票从 20 元暴涨到 76 元。但是，与宠物网一样，他们大量投钱用于广告营销，其支出远远超过了实际销售额。2001 年，公司根据《破产法》第 11 章申请了破产保护（当然，公司名称在易主后依然被使用）。其实，这些年来，在线玩具销售这门生意一直有人在做，而且都做得相当不错，比如亚马逊、玩具反斗城（Toys "я" Us）和沃尔玛。

克勤克俭

战地哨子（Falling Whistles）是一个致力于推动刚果民主共和国和平进程的非营利组织。该组织成立于 2009 年，创始人名为肖恩·卡拉索（Sean Carasso）。他曾参与了 TOMS 的第二次赠鞋会，并因此受到启发要投身公益慈善。我们自此成了好朋友。

有了这个想法之后，他一直在寻找机会。有一次在非洲旅行期间，他突发奇想，决定成立"战地哨子"组织，以 34 到 104 美元不等的价格出售哨子，从而为当地的教育、进步事业以及受战争影响者的恢复工作募捐。（公司的名字来自于肖恩和一个孩子的对话。这个孩子当过童子军。他告诉肖恩，很多孩子都被迫去战场，而太小的孩子根本拿不到枪，地方军阀只发给他们哨子就让他们去卖命。）2010 年，该组织在华盛顿市有了自己的办公地点；第二年，他们开始支持刚果的自由选举活动；现在，他们正在致力于通过各种方式让民众了解刚果的政治现状。

肖恩创立"战地哨子"只用了5美元。用这些钱，他和几个朋友"从一个出售军事剩余物资的商店里买了5个质量挺差的哨子。我们卖掉哨子后就有了50美元。我们用这50美元又去买哨子，一倒腾，手里就有了150美元。"用这150美元，他们成立了一个募捐组织，并开始聚拢了一批支持者。

肖恩说，他父亲的一句话道出了商界最重要的一条原则："只要你花的永远比赚的少，你手里就能一直有钱。"于是，他的团队会竭尽所能做到节俭。"我有位朋友在休斯敦，他在自己的苹果手机上读到了我的日志。第二天，他就给我打来电话，我们聊了很久。很快，他卖掉了自己的公司，开车来到洛杉矶，免费为我们管理财务。"

好人有好报

TOMS公司从一开始就在想着如何帮助那些有需要的人，这使我们能够用一种非传统的方式来合理利用有限的资源。这一听起来有些怪异的创业初衷紧紧地锁定了客户的忠实度，反过来又推动了公司的快速发展。

还有，"我们贴出广告招聘实习生，很快就有 8 个小伙子来到我家门口，说愿意承担一切工作任务。"

还有，"我们当时几乎没钱。将近一年的时间里，我们几乎天天吃方便面，睡双层的板儿床。我们 6 个人睡在 3 个卧室里。办公室就设在车库里。"

后来，他们搬进了一个新办公室，肖恩马上开了一个温居派对，请求大家捐赠一些办公用品。于是才有了一个白板、一个老式复印机、咖啡机、咖啡杯这些基本的东西。

"正是因为一开始身无分文，我们才有勇气拼尽全力。这使我们花钱时更为节俭，时间分配与人员调动上更为用心，而且更为关注已有的或者可能的伙伴关系，不管是在美国还是刚果。在创业精神中，学会生存是最为重要的一课。我们必须每天创造奇迹。"

如果你能够把慈善或者公益融入企业行为中，或者说，除了营利你们还有更为远大的目标，那么你就会享受到那些资源满满的大公司做梦都享受不到的好处。以我们自己为例，如果没有这样的经营模式，就不会有电话电报公司、希尔瑞和拉夫·劳伦这样的巨头争着抢着与我们合作。这些公司也都希望自己能够创造良好的社会效益，要是他们知道与他们合作的公司正在参与公益事业，就很有可能提供免费或者带有折扣的合作机会，而且，他们知道，自己通过这样的方式帮助的不仅仅是一家公司，而是更为广大的社区民众。

不幸的是，很多人认为创业初期不能做慈善，因为自己本身也一无所有。既然自己都没有营利，又如何与他人分享利益呢？但我要说，正是因为一无所有，我们才更需要他人的帮助，而其他人为什么要帮助你呢？因为你做的事业不仅仅是为了自己，如果成功将有很多人从中受益。

诸君请注意，这个时代，我们中有很多人整日与自己的电脑、手机、平板相依为命，他们其实也在寻找能够让自己远离屏幕、亲近他人的理由或借口——就算不赚钱也无所谓。有很多种方式可以让这些人为你开创的事业投资。最好的例子就是维基百科。这是一个由网民共同编写的电子百科全书。他们初创时也是一无所有，时至今日，他们也依然坚持低成本运营，但也给很多网民一个展示自己才华的机会。一旦有人发现可以在这里展示自己的专业知识，与全世界的网民交流分享，资源的水池就会满溢而出。他们现在有成千上万的志愿者在不断地编写或者修改条目，而这些可敬可爱的人都将作为"维基功臣"被人铭记。

善用资源

下面是一些使有限的资源最大化的其他方式：

不花钱，也露脸

社交媒体只不过是近 10 年出现的现象，但这些网站或应用已经成为当下不可忽视的力量。比如脸书、"领英"（LinkedIn）、"玩转四方"（foursquare）[1]、"走完啦"（Gowalla）[2]、推特（Twitter）等等，每天都会有人在这里方便快捷地与人交流，而且是免费的。

这些社交媒体的最大好处就是分文不收。不管你的企业是大是小，有钱没钱，反正在这里我们扯平了。现在，我们公司在脸书、

---

1 Foursquare 是一家基于用户地理位置信息（LBS）的手机服务网站，并鼓励手机用户同他人分享自己当前所在地理位置等信息。与其他老式网站不同，Foursquare 用户界面主要针对手机而设计，以方便手机用户使用。2009 年 3 月 Foursquare 在美国上线，6 个月之后进行了第一轮天使融资。到 2010 年 4 月，Foursquare 的用户突破 100 万。

2 一个类似于 FourSquare 的地理位置服务，可以在朋友间分享地点、活动、旅行线路等信息。Gowalla 的用户可以与朋友、家人分享所见所闻，发现新的地方、活动和旅行线路。另外 Gowalla 还提供商家、竞选和组织以独特的方式赢得忠诚度，拓展受众面，并建立难忘的体验。

推特上的出镜率和知名度比很多《财富》五百强企业都要高很多。对很多大公司来说，社交媒体的账号只是众多宣传方式的一种，有些还是后来才申请的，而这些早已深深地植入了我们的基因中。

找对办公地点

当年我刚来洛杉矶的时候，还在从事娱乐业，帮一些公司在影视作品中植入广告，同时慢慢开创自己的全真人秀电视频道。当时，我晚上就睡在一个朋友家的沙发上。当时压根儿就谈不上什么商业资源。不过我知道，要是有个能吸引眼球的位于好莱坞的地址，再有个办公室，人们就会更加重视我的公司。

那些日子里，我经常去好莱坞大道（Hollywood Boulevard）上一家名叫网语（Cyberjava）的咖啡馆，后来就和那里的服务人员混熟了。我和他们说好，允许我把咖啡馆的地址印在自己的名片上，这样我就可以在这里收发邮件。我还经常使用他们的传真机。有一位女服务员和我最熟，有时也会帮我接听电话："这里是麦考斯传媒公司，请问您有什么事情？"所以，对很多人来说，我的办公地点就在好莱坞大街上。酷吧！

创业初期，我们并不需要太大的办公空间，如果你花重金在这上面，那简直是巨大的浪费。我们前面已经看过了很多从车库发家的大公司的例子，再加上现在的通信手段之便捷、网络会议之有效，更能够证明大型办公场所之无用。不过，办公地址还是要有的，你可以充分发挥你的创造力。

免费"词汇表"

创业初期，我们所用的一切都是免费的。这么说夸张了点儿，至少我们希望是这样。我们的宗旨是：少花钱，多办事儿。我们通常会跟别人介绍我们的运营模式，让他们明白，如果他们能够帮助我们公司，我们就可以给有需要的孩子捐赠更多的鞋子。

当时，我的父母都在德克萨斯州，而我的忘年交利兹·海勒（Liz Heller）就成了我在洛杉矶的妈妈。她也是我智囊团中的一员，给我提出了很多好建议，其中最重要的就是免费的概念。我们公司借此概念发明了一系列与免费有关的词汇。比如，福式午餐（frunch）指的就是免费午餐；福式保险（Frinsurance），即免费保险；福式安装（frinstillation），就是免费安装。以此类推：福式法律咨询（fregal）、福式房租（frent）、福式促销（fromotion）、福式租车（frar）、福式样品（framples）。不管最终结果是不是免费，反正我们形成了克勤克俭、充分利用各种资源的思维模式。

创意头衔

我从来不喜欢传统意义上的头衔。在以前开的一家公司里，我给自己起的名字叫作坚信者。好多人都问这个名字是什么意思，我说这表明我坚信我们公司所建立的价值观。这个有趣的头衔引起了很多人的关注。

在 TOMS，每个人的头衔中都有一个"鞋"字。我的头衔是首席赠鞋师（Chief Shoe Giver）。坎迪斯·沃尔夫斯维克尔（Candice Wolfswinkel）被称为粘鞋师（Shoe Glue），因为她在创业初期起到了人员黏合剂的作用。我的超级大秘书梅根（Megan）是正鞋师（Straight Shoeter）。其他头衔还有：TOMS 厨师（Shoe Chef）、TOMS 系带师（Shoe Lace）、TOMS 管账师（Cash Shoe）、帅哥鞋师（Shoe Dude）和美女鞋师（Shoe-per-Woman）。

没有了装模作样的头衔，人们就会忘记那些所谓尊卑贵贱的关系。这样，不管是公司的实际决策者还是实习生都能有一个响当当的称号。于是，来和我们谈生意的人就得认真对待公司里的每一个人，因为他们也不知道到底面前的这位在公司里到底是什么级别。这些创意无限的头衔可以让我们的人力资源调配起来游刃有余。我可以让一个 22 岁的大学毕业生去和零售巨头通电话，而他的头衔是供鞋师（Shoe Provider）。对方听到这个新鲜的头衔会有些莫名其妙，也许他们会认为，我们这位供鞋师必是有 20 年从业经历的老炮儿了。

还有，如果你独立创业，随后把自己称为公司创始人或者首席执行官之类，这就表明你们是一家小公司，除你之外公司里已经没有什么重要人士了。我以前办过一个公司，当时我的名片上印的是"销售部副总裁"。这样的话，就表明公司里还有更重要的人士担任首席执行官或者总裁，你的公司不花一分钱就无形中扩大了。

从长远来考虑，授予别人头衔的目的只不过是想让他们把该干的活儿保质保量地完成。如果一个新员工给自己起名叫"合伙部副总裁"，那就意味着他想承担这样的责任，那干吗不让人家承担呢？也许他真的会在这个职位上做得不错呢！

活用名片

创业初期，名片经常是唯一能够给人留下持久印象的道具。在这方面稍微花点儿钱也算值得。一张抓人眼球的名片真的可以让人记住你，而这种机会十分难得。你可以在名片的每个细节上花点儿心思，比如大小、形状、颜色，当然还有上面的文字。我曾见到有人用硬币做名片，当然，上面印的是自己和公司的信息。我敢打赌很少有人会把这样的名片随便丢掉。另外一张让我印象深刻的名片是用可降解的纸张做成的，而且还附送一粒种子，这样你就可以将它种在家里，看着植被一点点长大。

但是，没有名片也不是绝对不行的。我曾大胆地利用过别人的名片。当时，我经营着一家传媒公司，正在与一批投资人开会。会后，我们互相交换名片。我没有拿出自己的名片，而是拿出了一张在其他会议上收到的名片，把上面的名字划掉，写上自己的名字，然后郑重其事地递给了人家。我当时想传达的意思是，你看我连名片都能够回收再利用，自然不会胡乱花钱。而且，我当时接受的都是娱乐业一些著名投资人的名片，这样也能让面前这些投资人看到：你要是不投我，你的竞争对手可就要投喽！

亲爱的克雷格，

感谢您创建的网站，这个网站为我们创立 TOMS 提供了很多便利。下面列举了一些我们充分利用克雷格列表网的方式方法。另外，请告诉我们您所穿鞋子的尺码，我们会为您寄去一双 TOMS 鞋。

抓住时机，马上行动

布雷克

TOMS 首席赠鞋师

① 招聘第一批实习生

② 招聘众多员工

③ 购买绝大部分的家具

④ 拍摄照片所需的模特

⑤ 招聘参与"鞋底也时尚"活动的本地艺术家

⑥ 找为我们的会议室制作窗帘的缝纫工

⑦ 为各种聚会打碟的 DJ

⑧ 寻找为公司聚餐提供服务的餐饮管理者

⑨ 租赁办公室

⑩ 寻找电脑维修人员

⑪ 招聘平面设计师

⑫TOMS"疯狂星期五"活动所使用的人形大立牌

⑬聘请一位"欢笑瑜伽"教练

⑭为展示当时刚刚推出的绕踝靴而购买的上百件模型腿。

回报员工

创业初期，你不太可能给员工开较高的工资，但一定要保证让他们吃好。实习生很重视这一点，这会让他们能量满满，战斗力倍增。我们就经常组织员工去吃烧烤或者美式墨西哥大餐（Tex-Mex）。这会让那些新入行的实习生感到，虽然拿钱不多，但自己的辛勤劳动已经得到了认可。

我们也可以发挥创意，设计一些小礼品和奖励措施。比如，每周五下午2点，我们会停止工作，进行每周一次的滚球系列赛。我拿出150美元作为优胜队的奖励，因此比赛格外激烈。到了晚上，我们会打开车灯，继续进行。

我喜欢喝茶，所以很多商业伙伴会送茶给我，多得自己完全喝不了。我就用这些作为给大家的小福利，只要有人想喝茶，公司就免费供应。还有衣服。好多人会送我成柜的衣服，希望能够在我们的宣传活动中顺便宣传一下。于是，每年我们都要搞几次"布雷克车库甩卖"（Blake's Garage Sale）。说是卖，其实很多

为了嘉奖员工的辛勤劳作，TOMS全体员工每年都去马莫斯山（Mammoth Mountain）滑雪。

时候完全是白送，有多有少，但至少每个人都可以挑几件自己喜欢的带回家。

　　还有，几年前我搬到船上住的时候，好好地把自己的东西清理了一遍，然后把很多衣服送给了公司员工。我的衣服风格都比较独特：花格子大裤衩、滑稽可笑的文化衫，还有稍稍有点儿出位的夹克。公司里所有人都可以随便拿，完全没有限制，所以后来经常出现的景象是，他们和我穿得差不多，都穿着一条大裤衩在公司里晃来晃去。外人看来，花格子大裤衩仿佛已经成了TOMS的工作服。

免费时代

有无穷无尽的免费工具可以在创业期间为你提供帮助，不管是网络开发还是处理公共关系，有一些我用得非常顺手，所以强烈推荐给大家：

- 读一读蒂姆·费里斯所写的《一周工作4小时》（The 4-Hour Workweek），完全可以在图书馆借阅。书中提供了很多非常实用的信息，帮助你延展自己的资源。

- 黑客人生网站（Lifehacker.com），一家博客网站，上面提供了海量的各式各样的方法和技巧，可以提升你的工作能力。

- 读一读塞思·高丁的博客（www.sethgodin.typepad.com）。他是我在营销方面的导师之一，他的脑中满是富有创意的想法，可以帮助你学会如何利用新媒体，或者其他一切可以利用的类似游击战术的方式用以宣传自己的产品。

- 你可以运用推特来提升自己的好运气。当你需要找工作或者寻找某类资源时，推特经常会给你带来惊喜。你可能感到不可思议，只要你在上面不断地交朋友，就会有无穷无尽的资源等着你。我们的一些很亲近的朋友一般都会去参加同样的聚会，认识同样的人，听类似的音乐，但反而是那些关系不是太亲密的朋友会不断给我们提供新鲜的创意和资源。

· 竞升网（www.compete.com）与数据测量网（www.quantcast.com）可以提供的信息包括你的竞争对手的网站每个月可以收获多少点击量，以及他们在广告中运用了什么样的词汇或者图片来吸引点击量。它山之石，可以攻玉。知道别人是怎么做的，自己做起来就会更有方向感。

· 与前两个网站类似，www.spyfu.com 也可以帮你找到竞争对手们在线广告支出的信息。另外，还有他们的广告语和其他一些广告方面的细节。如果这些策略对他们很管用，那么对你也会很奏效。

· 卡亚客户网（www.kayak.com）。如果你经常需要出差的话，这个网站会使你来去自如。你可以在上面购买飞机票、租用汽车，或者预订酒店。该网整合了很多相关的旅游类搜索引擎的信息，比如 Orbitz.com、CheapTickets.com，这样就可以大量节省你的时间与金钱。同类网站中还有一个相当不错的，那就是 www.hipmunk.com。

· 你可以利用 www.doodle.com 预约多人会议。你只需将一个连接发送给你想会面的人，上面写明日期和具体时间，然后过一段时间来查看一下，看看那段时间是否对大多数人来说都比较适合。

- 充分利用电子图书馆 Project Gutenberg（www.gutenberg.org），上面有超过 3 万本图书，你可以在电脑或者平板上查看。

- 登录 www.librivox.org，上面有上千本有声图书供你免费收听。

- 登录 www.istockphoto.com，这是网上最大的不用你交版税的资料库，其中包括照片、矢量图和各类视频。

- 登录 www.footagefirm.com，这家网站提供海量的免费或者价格非常便宜的视频片段。

切尔西旅馆（the Chelsea Inn）

有时候我需要在纽约过夜，通常会住在切尔西旅馆，这是我自己给它起的名字，实际上就是我朋友瑞切尔·谢特曼（Rachel Shechtman）家里的沙发。他家位于曼哈顿区。多年来，切尔西旅馆为公司节省了至少几万美元，同时也让我和这位好朋友有了不断接触的机会。

- 在 www.FreeConferenceCall.com 上你可以获取免费的个人化电话会议号码。网站同样提供价格很低廉的国际号码。

- www.legalzoom.com 是一家提供商业文件模板的网站，资源丰富，收费低廉。其中包括公司成立时的各种文件，还有申请商标、申请专利、申请版权或者其他的一些法律文件。

- www.weebly.com 类似于 WordPress，能够让你快速而便捷地创建你的网站，即使你完全不懂 HTML。

- 登录 www.99design.com，可以让你用很便宜的价格设计公司的商标图案、名片和网站。这个网站采取一些竞赛的方式让人参与设计，比如说你只需要在网上填一个表格，上面写清楚自己需要什么样的设计，比如"我想设计一个公司的商标图案，具体要求如下……"然后拿出一笔钱来，作为中标者的酬劳。来自全世界的设计者会根据你的要求提供他们的设计方案，你可以为自己比较喜欢的方案打分，并提出改进意见。一段时间后（一般是 7 天），你选择最好的设计方案，并把钱打给设计者。

大家看到了吧，TOMS 特别注重利用资源，这是一个成功企业应有的好习惯。建议大家把本书这部分内容做上特殊标记，我相信大家在创业过程中会不断用到上述提到的那些资源。

第五章

以简为上

最高境界是简约，这一原则放之四海而皆准，不管是人格、举止，还是风格。

——亨利·沃兹沃斯·朗费罗[1]

她特别喜欢各种邮件。

她的名字叫米歇尔·希波特·卡普司特卡（Michele Sipolt Kapustka），家里排行老三（家中共有5个孩子）。她成长于芝加哥的蓝领社区，现在依然住在那里。她已经和自己的高中同学

---

1 亨锐·瓦资沃思·朗非罗（Henry Wadsworth Longfellow, 1807–1882），19世纪美国浪漫主义诗人。

结婚，有4个男孩儿。

她特别喜欢各种邮件，不管是发信还是收信，只要是与信件有关的事儿都能让她兴奋。她有位奶奶名叫佐伊（Zoe）。在她小时候，每次过生日都能收到奶奶寄来的生日卡。其实，两人经常见面，但她依然在接到卡片时感到特别兴奋，因为她说"这使得生日与众不同"。她10岁的时候，有位好朋友搬去了佛罗里达，她们时常通信。米歇尔感觉每次发出或者收到信件的日子都特别美好。

她在一家直邮广告公司担任创意总监已经有17年了。相对于收发信件，她现在更感兴趣的是邮寄物品。只要她看到自己喜欢的东西，不管是一包糖果还是一双筷子，就会想：我能把它寄给谁呢？她说："那种看起来摸上去疙疙瘩瘩的邮件会让人更容易兴奋。想想吧，当你眼前摆着一堆邮包，是不是会考虑率先打开形状最怪的那一个？"

2000年的一天，她走进一家杂货店，本想为一位年轻的妈妈寄张贺卡，可突然看见店里有一串专门为孩子准备的玩具球。她想，寄个球过去肯定比寄一张卡片有趣得多。于是，她买了一个球，也没怎么包装，就寄出去了，球上还写着几个字："给你们家宝贝儿买了个球，让他玩儿去吧！"收到球的妈妈特别喜欢。于是，她如法炮制，给很多其他朋友也寄了一些球。当时只是为了好玩儿，并没有想到这可以成为一门大生意。

三年后的一天，她又去邮局寄球，身后有位男士问她在做什么。

她如实说了，这位男士挺喜欢这个想法，然后问米歇尔能不能帮他也邮寄一个。她说："这简单。你去那边的杂货店买个球，拿只笔写上地址信息，然后回来就能寄出去了。"

但这位男士坚持要她帮忙。她说不行。男士开始请求她。她又拒绝了一次。最后，这位男士说："我给你5美元。"她想了想，就答应了。

那位男士马上说："女士，您出价低了。我本可以给你两倍的钱。"

她笑了：好，成交！

米歇尔马上给她的姐姐梅丽莎（Melisa）打电话。梅丽莎说："米奇（Mich，Michele 的昵称），我们这回有事儿干了。"梅丽莎马上购买了一个注册域名 www.SENDaBALL.com。创业就这么开始了。

米歇尔和梅丽莎住得很近，多年来，她们一直希望能够想出一个办法，保证她们中有一个待在家里带孩子（两人加起来一共有7个孩子）。现在她们终于有了一个可以待在家里就能做的生意。她们的兄弟马尔克（Marc）也来帮忙。很快，他们的生意就遍及全世界，完全可以依靠这个网站来维持生计了。2010 年，"送个球"公司（SENDaBALL）共邮寄出 20000 个球。她们估计次年会邮出 25000 到 30000 个，总营业额可以达到百万美元。

经常有人建议她们把生意做得再大些，甚至有人希望她们能够涉足制造业，也就是自己生产皮球。但米歇尔的经营哲学是一步一步来："我不想步子走得太大，也不想开什么分公司。我只是想把自己这个简单想法付诸实践，越做越好。"

到现在为止，这家公司所做的唯一改变就是稍微扩大了营业范围。除此之外，公司的方式一脉相承，非常简洁纯粹：收到订单，买个大球，写上点字，贴上邮票，完事儿！

有时，米歇尔还会亲自在球上写字。"这事儿并不难。只要你的字写得不是很难看，再来一点儿幽默感，这就足够了。"

保持简单其实也很简单。

这句话看起来像句废话。但这是实话，而且极其重要。如果正在追求成功，不管是做买卖还是找工作，一定要让自己的想法简单一点儿。就像"送个球"这个网站，米歇尔充分利用了简约原则，让自己的买卖风生水起，名利双收。

TOMS同样重视简约原则，并将其用在两个领域中，一是产品设计之简约，一是商业模式之简约。后者适用于所有的商业实体，而前者更适用于与设计有关的公司。如果你做的是服务业，同样也有服务行业的简约原则。后面会详细提到这一点。

"脱掉，脱掉"

我们先从设计说起：TOMS的设计是基于阿根廷的"懒人蹬"帆布鞋，这种鞋在阿根廷已经流行了一百多年。该鞋的设计简单至极，就是一块帆布裹在脚上，然后在下面加一个鞋底就成了。因为设计简单，穿着舒适，所以深受阿根廷人的广泛欢迎。这种鞋看起来很美观，不管是穿还是脱都很方便，而且还容易晾干。这最后一点对于阿根廷的农民来说特别重要，因为阿根廷雨水很大，他们夏天在田间劳作时，少不了遭遇突如其来的大雨。

TOMS 只不过是把这种"懒人蹬"加以改良，变成适合美国人穿的样式，鞋底更为耐磨，而且还增加了鞋垫。但不管怎样，我们尽力保留了这种布鞋本来的简约风格。

其实，很多鞋类品牌都依赖于一种简单传统的设计方案：UGG 雪地靴的设计基于澳大利亚牧羊人穿的一种羊皮靴，而哈瓦那人字拖（Havaiana）则基于巴西的一种色泽鲜亮的橡胶鞋。两种鞋子的设计都十分简洁，却同样深受城市时尚一族的欢迎。

TOMS 的简约设计风格给我们带来了很多优势。首先，我们可以把传统的"懒人蹬"看做是一块干干净净的画布，然后就可以尽情挥洒自己的设计才能。我们邀请了很多名人，比如汉森兄弟乐队（Hanson）、戴夫·马休斯乐队（the Dave Matthews Band）、布兰登·伯伊德（Brandon Boyd）以及著名演员查理兹·塞隆（Charlize Theron），为他们制作了限量版。同时，简约的设计风格也易于我们开展"鞋底也时尚"的活动（SYS，the Style Your Sole program），而这项活动在高中生和大学生中非常受欢迎。在"鞋底也时尚"聚会上，TOMS 的粉丝们聚在一起，用颜料、画笔，或者任何其他大家能想出来的方式为

"彩绘鞋子"派对总是通过轻松有趣的方式传播TOMS的故事。

TOMS设计新的图案与款式。我们的很多销售活动中都融入了"鞋底也时尚"活动的元素。TOMS还特别注重儿童市场，因为他们是最富有创造力的一群人。成百上千的孩子会在自己的生日聚会上和小伙伴们一起设计TOMS新图案。这一活动也得到了家长的支持，因为这不仅可以锻炼孩子们的创造力，而且可以从小培养他们关心他人、帮助他人的慈善意识。

在设计行业，简约就是王道。看看自己的身边，最成功的设计理念几乎都是简约风格。最显而易见的例子就是苹果公司的产品，特别是iPod。iPod推出后，在市场上不是很打眼。首先，它不是同行业的领先产品，很多类似的东西早就出来了；其次，它的功能也很有限，连录音都做不到；还有，它的价格与同类产品比较也算是贵的，而且电池也不容易换。但是，它的优势也很明显：简洁实用。没有其他任何产品的外观看起来会比它更清晰明快，而且操作起来也简单至极。这就是苹果公司一直坚持的设计原则：生产简洁明快的产品，让数码白痴也能轻松使用。2001年，iPod开始推向市场，截至2010年，总共售出了250，000，000件。很多使用者都惊叹：这么一个小玩意儿竟然能够满足自己欣赏音乐方面的一切需求，而且还那么容易操作。

　　谷歌也是充分利用简约原则的经典案例。这里有一个故事，出自理查德·布兰特（Richard L. Brandt）所写的《谷歌创始人在想什么》(Inside Larry and Sergey's Brain)一书。玛丽莎·梅耶尔（Marissa Mayer），谷歌副总裁，主要负责搜索引擎和用户体验。有一次，她在自己的微博里看到一条奇怪的留言，上面只有一个数字：37。玛丽莎不知道这是什么意思，于是就查阅以前的留言记录，看看有没有相关的信息。查到的都是一些数字：33、53。有一条留言写着："61，有点儿多了，是不是？"还有一条："要是变成 13 会怎么样？"

　　玛丽莎琢磨了很久，终于发现，这些留言都出现在每次谷歌主页改版的日子里，而数字显示的就是当时主页上的总字数。当时，她一直想着要让页面简洁明快，却从没有想过可以把总字数作为衡量指标。而现在这已经成为她雷打不动的习惯。自此之后，谷歌主页上的文字从未超过 28 个。不信你可以马上登录谷歌数数看。

医疗简约化

　　简约原则适用于一个想法、一个目标，或者一项任务。下面这个故事讲的是海外医师组织（Surgeons OverSeas，简称 SOS），这是皮特尔·金汉姆（Peter Kingham，35 岁）和亚当·科什纳尔（Adam Kushner，45 岁）共同创立的。

　　两人都成长于纽约市，皮特尔在拉奇蒙特（Larchmont），而亚当在曼哈顿（Manhattan）。皮特尔在耶鲁大学学习医学史，后进入纽约州立大学石溪分校的医学院。在此期间，他作为志愿者去了坦桑尼亚的乡间诊所。此后，作为纽约大学医学中心（New York University Medical Center）的外科值班医师，以耶鲁／斯坦福·强生（Yale/ Stanford Johnson and Johnson）国际健康学者的身份去马拉维工作。现在，他是纪念斯隆－凯特林癌症中心（New York's Memorial Sloan-kettering Cancer Center）肝胆胰外科分部（Division of Hepatopancreatobiliary Surgery）的主治医师。

亚当的父亲是一位内科医生，而他在康奈尔大学的本科阶段学的却是历史专业。本科即将毕业时，他去了南斯拉夫，当时正值波斯尼亚战争时期。他眼睁睁看着自己的一位向导死于枪伤。于是，一个月后，他上了医学院，决心致力于创伤外科领域。

两人都曾去发展中国家做过志愿者，并在这一过程中相识。他们达成了一个共识：一定要帮助这里的外科医生达到能够救治本国人民的医疗水平。他们后来建立的海外医师组织，把这一目标作为核心理念。这一组织致力于简化医疗步骤，并帮助本地医师，使他们能够独立完成一些重要手术。

两人这样描述他们创办海外医师组织的初衷："作为外科医生，我们都知道，去发展中国家做志愿者、帮助那里无数的危重病人恢复健康是一件很神圣的事情，但是，换一个角度想，如果我们能够有机会培训当地的外科医生，让他们再去培训一般医师，情况可能会更令人满意。不要忘了，当地的外科医生同样也是医疗行业的专家，他们具备专业医生的基本素质，只是他们需要一些教学材料、医疗资源，或者医疗伦理方面的支持，然后，他们就可以发挥巨大的作用了。不管怎么说，我们永远是外来者，那里是他们的祖国，他们比我们更了解那里的情况。他们应该具备救治自己的同胞的能力。"这就是海外医师组织的宗旨，他们从来就没有偏离过自己的目标。

简单明了的目标能够让你的顾客关注你所提供的真正价值在哪里。拿"进进出出汉堡店"（In-N-Out Burger）来举例。这家私营汉堡连锁店创办于1948年，创办人为斯奈德夫妇（Harry and Esther Snyder）。现在，他们在美国西部有将近250家分店。斯奈德家族的经营理念十分明确："质量最好，品质最鲜，服务周到，店面整洁。"60年来，他们始终如一。

在"进进出出"，你的选择并不多，只是一个汉堡、一份薯条，还有一杯饮料。一切都很简单，包括装修，几乎每个店都是基本的红白黄搭配。但是，注意，转折啦——艾瑞克·施洛瑟（Eric Schlosser）曾写过一本名为《快餐国度》（Fast Food Nation）的书，其中揭露了很多快餐业的内幕，却着实把"进进出出"表扬了一番，这可是为数不多的。艾瑞克·施洛瑟确信，"进进出出"使用的都是天然新鲜的原材料，而且对待顾客也是满怀真诚。

创始人哈里·斯奈德（Harry Snyder）说过："始终保持简洁。只做一件事，就要做到极致。"

简洁的想法更容易适应变化的时代，有时候他们甚至可以长久不变，持续不断地使用下去。大约140年前，一个名叫雅各布·戴维斯（Jacob Davis）的内华达州裁缝写了一封信给一个旧金山的富商，信里提出自己提高工人牛仔裤质量的想法，这些想法很新奇，而且很可能带来巨大的利润。这位富商千里迢迢从巴伐利亚（Bavaria）[1]来到纽约，然后又辗转跑到旧金山，想在当年的"淘金热"中分得一杯羹。但他没有真的去淘金，而是发现了新的商机，开始做纺织品生意。他从国外进口了很多雨伞、手绢、衣服、布料卖给西海岸的商人，这其中就包括雅各布·戴维斯。

当时，雅各布的很多顾客都抱怨当时的牛仔裤不耐穿，过不多久就烂掉。他想到了一个简单办法来解决这个难题，就是在裤兜承受压力的地方装上铆钉，这样耐穿度就大大提高了。他想申请专利却没有所需的68美元。于是，他就给那位旧金山富商写信寻求合作。这位富商听到这个想法兴奋不已，于是，1873年5月20日专利就申请下来了。现在这种用铆钉固定的牛仔裤依然穿在人们身上，基本样式都没有变。雅各布的这位富商合伙人名叫李维·斯特劳斯（Levi Strauss）[2]。

下面还有一些用简单想法创办巨型公司的例子。

---

1 巴伐利亚自由州，德国面积最大的联邦州，首府慕尼黑。

2 牛仔裤的发明者，LEVI'S（李韦思）创始人。

墨西哥风味快餐店（Chipotle）：1990 年，25 岁的斯蒂文·艾尔思（Steve Ells）从烹饪学校毕业来到旧金山，经常去一些提供墨西哥煎玉米饼和面卷饼的餐馆。当时，这种餐馆在教会区满大街都是。很快斯蒂文·艾尔思就有了自己的想法——开办一家高档餐馆，提供高品质的墨西哥食品，所有食材都是有机食品，种类不必太多，并且使用流水线技术确保快捷服务。1993 年，他从父亲那借来一点钱，在科罗拉多州开办了第一家墨西哥风味快餐店。现在全世界有一千多家连锁店，分布在美国的 38 个州，在加拿大和英国也有分店。2010 年，他们的净收入达 178,000,000，雇员有 26,500 人。

克雷格列表网（Craigslist）：当年，43 岁的克雷格·纽马克（Craig Newmark）是一名计算机安全设计师。他创建了一个小型的邮件列表，来保存自己在旧金山的朋友以及合作伙伴的资料。很多熟人都觉得这种方式不错，跟他借用这套系统。于是，1996 年他决定创建一个免费网站——克雷格列表网，这种模式很像报纸上的分类广告，一经推出马上受到普遍的欢迎。现在，这家网站已经覆盖了 70 多个国家的 700 多个城市，以点击率排名，在美国位列第七。

糖果生活（Daily Candy）：丹妮·李维（Dany Levy）本是一位作家，很喜欢看杂志，但有时候又忍受不了杂志的信息滞后，于是在 2000 她创办了一份电子杂志，上面详细列举了各种时尚新闻以及纽约好的餐馆和各种新潮的聚会演出信息。她管这份杂志叫《糖果生活》。很快，她把杂志发送给了 700 多人，包括自己的朋友、家人和她认为具有影响力的人。该杂志风格轻松幽默，很快就吸引了潮流人士的注意。现在，这份杂志已经覆盖了亚特兰大、波士顿、芝加哥、洛杉矶、费城、迈阿密、旧金山、西雅图和华盛顿特区等地。2008 年，康卡斯特公司（Comcast）出资 125,000,000 美元收购了《糖果生活》。

自选捐助（Donors Choose）：2000 年，25 岁的查尔斯·毕思特（Charles Best）还在布朗克斯区（the Bronx）的一所学校当老师，当年他教的是社会学。工作一段时间之后，他体会到了公立学校的资源匮乏，也意识到很多人都想为教育捐款的事实，但当时人们对一些募捐机构信任度不够，不知道自己捐的钱到底去了哪里。他们希望有人建立一条通道，直接把自己的捐款与某个教室的基础设施关联起来。但是，这样的通道在当时并不存在。于是，他创办了"自选捐助"网站。在这个网站上，公立学校的老师们会发布信息，告诉大家他们所工作的教室现在缺少什么教育资源，比如铅笔或者某种乐器，而想捐款的人们会浏览老师发布的帖子，并选择他们喜欢的项目进行一对一的捐款。事后，所有的捐款者都会收到一封感谢信、几张关于项目进展的照片，还有一个关于捐款去向的报告。在我写作此书的过程中，这家网站已经筹集了 73,000,000 美元的善款，帮助了 35,000 所公立学校的超过 300 万的学生。

国际养牛扶贫组织（Heifer International）：这家公司的理念也很简单，希望通过帮助一些家庭饲养家畜家禽使他们摆脱贫困。这一想法最初产生于 1939 年。当年，丹·韦斯特（Dan West）是一名负责救济灾民的志愿者，负责向那些受西班牙内战影响的难民提供奶粉。但他很快意识到，这样的救灾方式收效甚微，因为无论给这些难民提供多少奶粉，也总有一天会喝完。这些贫困家庭真正需要的是自己的家畜家禽，它们可以用来耕地，也可以用来产奶或者下蛋，粪便也可以用来肥沃土壤。现在，这个组织的资助范围已经覆盖了 125 个国家，提供的家畜既有山羊也有水牛。国际养牛扶贫组织同时也教育农民注意植树造林，使用农家肥料，防止过度放牧，并且时常做长远打算。受赠人会承诺，等自己的牲口下了仔，也会赠送给其他家庭，他们管这种方式叫作"好礼在传递"（Passing on the Gift）。

飞利网（Netflix）：1997 年，37 岁的里德·哈斯廷斯（Reed Hastings）卖掉了自己的软件工程公司，并将自己的注意力转向了一个完全不同的行业——多功能数字光盘（DVD）租赁。当时，人们都习惯去电影院看大片，或者去音像店购买家庭影院（VHS）。里德·哈斯廷斯的想法也很简单，就是想把碟片直接邮寄到顾客手中。现在，这家公司的网站上有超过 10 万的商品目录，每个月有 1000 万的用户。2007 年，公司宣告他们已经累计送出了 10 亿张碟片。被惊到了吧！

美国西南航空（Southwest Airlines）：1966 年，德克萨斯企业家罗林·金（Rolling King）在一张餐巾上画了一个三角，并拿给他的律师赫伯·凯莱赫看。这个三角代表了德克萨斯州的三个城市：达拉斯、休斯敦和圣安东尼奥。当时，往返于这三个城市的航班既昂贵又不方便。罗林·金想在这三个城市之间创建一条低价航线，并十分兴奋于这个创意。现在，他们创立的美国西南航空每年运输的乘客比任何一家都多，而且始终营利。想知道他们的秘密吗？其实很简单，就是一切做到价格最低。2008 年，赫伯·凯莱赫辞去了公司总裁的职务。他曾说过："我可以在 30 秒之内告诉你运营这家航空公司的秘密，那就是永远记住我们是低价航空公司，只要理解了这一点，你就可以做得和我一样好。"

打通工作空间

如果一个创业者喜欢简约的商业模式，那么，他一定会在办公地点的设计与布局方面动脑筋，从而创造一个整洁的工作环境。对我个人而言，在一个整洁干净、一切都摆放得井然有序的环境中，

TOMS的办公室已经有很多变化，但我们唯一不变、所坚守的就是谦卑低调的原则。

我会更有创造力。这也可以解释为什么我的很多好想法都出现在坐飞机的时候，因为那里没有电话，没有电邮，也没有那些让你分散注意力的各种电子设备。这也是为什么现在 TOMS 的办公地点说白了就是一个仓库，而不是真正的办公室。每一个员工都有一个用胶合板隔开的小空间，而隔板的高度只有 4.5 英尺左右，所以大家可以很自由地相互交谈，就像两个农夫隔着一排低矮的篱笆墙说话一样。这就可以保证我们之间的交流非常方便快捷。每一个人都可以随时和公司中任何其他人说话，即便在公司总裁和客服人员间也没有多少障碍，谁要是有了问题可以随时站起来喊一嗓子。我们正在筹建新的办公地点，新地点免不了会有新风格，但是这种开放透明的格局肯定会保留下来。

我在第四章提到过要想运营一家公司，你并不需要敲钟或者吹哨，你所需要的只是一个网站、几张名片，还有一个办公地点。除此之外，与客户见面可以选在星巴克，也可以充分利用联邦快递办公服务（FedEx Office），然后利用邮箱办公服务系统（Mail Boxes Etc.）提供的邮政服务。如有必要，租一个答录机，或者租一个按小时收费的会议室。

很多公司不管大小都采用了非常简洁的运营模式。例如飞利网（Netflix），没有关于度假和病休的制度，因为详细记录这些数字花费很昂贵，而且会让人力资源部门不堪重负，如果公司员工有责任感的话，他们不会溜奸耍滑钻公司制度的空子。员工如果需要请假，说明真实情况即可。

杉寇（Semco）是巴西一家发展迅速的综合性公司，产品包罗万象，气泵、洗碗机、搅拌机和各种计量工具。公司总裁里卡多·塞姆勒（Ricardo Semler）制定了一种极简的工作方式。他拆掉了办公室里所有的隔板，对员工也没有任何着装要求，上下班还不用打卡。更绝的是，他允许员工自己选择顶头上司，工资也由自己来定的（每个月会张榜公布）。采用这种工作方式后，公司的营业额从 400 万美元迅速提升到 2 亿美元。

好市多批发公司（Costco）也是一个很好的例子。公司总裁吉姆·西奈加尔（Jim Sinegal）认为如果想要公司形成节俭的风气，他就必须以身作则。公司总部位于华盛顿，他的办公桌极其普通，还是 25 年前从一个旧家具店买来的。公司的其他设施很多也都是先前在这里办公的公司留下来的。

如果人们能够很轻易地了解你的创业初衷以及公司的经营宗旨，他们就更有可能帮助你传播这些信息。如果你的公司目标明确，产品的设计简洁有力，那么，公司信息的传播效率就会大幅提高。这种策略放之四海而皆准，不管你是跟投资人侃侃而谈，还是在电梯里和别人随便聊聊。人们在了解一种新观念或者购买一种新产品之前，必然需要一个或长或短的接受过程，事情就是这么简单。

所要传达的信息越是简单，就越有可能牢牢吸住别人的注意力。我们如果听到一句好的广告语或者宣传口号，它们会在我们脑子里停留好长时间，并且会迫不及待地想要告诉别人，所以很多成功的广告语都非常简洁。我们整天都被各式各样的广告语轰炸，他们要的是你的注意力，然后是你的钱，所以信息越简洁就越有可能攻破你的防线。

简洁原则不仅适用于商业社会，同样也可以用在日常生活中。

在我们举办的多次赠鞋会上，我注意到很多几乎一无所有的人反而更快乐，那些农村孩子看上去一贫如洗，但他们脸上绽放的笑容却很少在城市中看到，仔细思考之后，我发现了一条真理：

拍摄于阿根廷第一次送鞋活动结束后，这是我最喜欢的照片之一。

巨大的财富和奢靡的生活并不一定会带来快乐，有时，反而会带来痛苦。

　　想清楚这个之后，我决定简化自己的生活，搬到一艘帆船上去住。当时，我住在威尼斯一座豪华的公寓里，里面的各种设备一应俱全，包括家庭影院、娱乐设施、炫目的家具、有两套厨具的豪华厨房、双开门冰箱、墙上挂满了各种艺术品，还有相机、衣服、鞋子、各种普通人所能想到的物质享受，我这里都有了。我站在屋里环顾四周，发现没有多少东西是我真正需要的。

　　我很快搬到了一艘帆船上，面积只有200英尺（约20平米），根本没有空间放那么多的东西。于是，我就用类似裸捐的方式，把它们或卖或送，只剩下一些自己喜欢的运动器材和图书。（假如有一天我有了自己的房子，我会专门空出几个房间来摆放图书。书和其他东西不一样，它们更像是朋友。）

清理完这些东西之后，我感觉一身轻松，这让我的心境更为平和，思路更为开阔。没有了这些物质的羁绊，我的思维更加敏捷。

对我来说，正是这次搬家促使我切换到了简约模式。现在，可以问问自己，你的生活到底需要多少物质财富？多少衣服？多少玩具？然后，站在家中看看四周。想在事业上更进一步，也许，你首先要做的就是创造一个简洁的环境。

下面是给创业新丁的一些建议：

笔记本随身带

好记性不如烂笔头。创业过程中会有太多东西需要记住，光靠脑子肯定不行。我一遇到重要信息，比如马上要会见的客人的名字，或者突然冒出来的设计灵感，就会马上写在本子上，或者记在电脑里，而不是盲目相信自己的记性，从而给本来已经信息过剩的脑子增加新的负担。只要一写下来，心里就会踏实很多，聪明的大脑就可以不用再管这种琐事，进而关注公司更为重要的事情，比如规划解决问题的方案，或者不断酝酿新的灵感。

能租就不买

说正经的,你到底需要多少身外之物?实际情况是,你拥有的东西越多,就越需要花时间精力去打理,从而减少了享受生活的时间。很多人都喜欢大量购置奢侈品,以为这样能够提升自己的生活质量,殊不知,你的时间精力都耗在了这上面,哪儿还有空闲去欣赏品味它们?

也许你要问了:不买,用的时候咋办呢?告诉你一个诀窍:只要能租就租嘛!如果你喜欢帆船运动,一年大致能去玩10次,那就没必要自己买艘帆船。如果你只是偶尔需要开车,那就租一辆,或者加入一个车辆共享机构。如果你只租不买,就不必为各种保养费多少脑筋。

凡事精心安排

这条建议听起来似乎违背我们做事的常理,但实践证明它的确可以简化生活,赶走焦虑。人们经常问我,如果什么事情都要做出详细的安排,这是不是也会让人很有压力?过去,做事的时候,我的脑子里时刻都要想着什么时候需要会见某位朋友,或者什么时候该给某某某回个电话之类的事儿。现在,我会先把一切都先安排好。这样,与人会面时,我就可以全神贯注于我们之间谈话,而不用再想着是不是还得抽时间跟别人见个面。

一举多得

我喜欢亲水的地方，也喜欢帆船运动，这就是为什么我搬出小阁楼后马上就买了一艘帆船，而且很快就搬上去住了（就算不买，我也会考虑租一艘）。这样做一箭三雕：首先，新家靠近水源，而我喜欢亲近水；第二，有水就可以划船，而且随时可以；第三，搬一次家就会有新的感受，而我就是一个热爱变化之人。另外，还有其他的例子。我很注重身体健康，可又苦于没时间锻炼。于是，我买了一辆自行车，去哪儿都蹬着，这样就可以随时锻炼了。而且，骑自行车又可以保护环境，这也是我的人生目标之一。

善用科技

几乎所有人都知道新科技的最大好处——方便快捷，但有时这些设备会变成自己压力的一部分。对我来说，黑莓或者苹果手机确实给生活提供了极大的便利，它们使我可以随时随地联络任何人，但是，我利用这些设备有很强的目的性，换句话说，我决不允许自己被这些设备束缚。我只在必要时使用这些，而不是随时拿在手中当成玩具。

我有一个策略，那就是申请两个电子信箱，一个商用，一个私用。这种方式你也可以试试。我对自己承诺，节假日绝不打开商用邮箱。我把自己这一原则告诉了公司员工，希望他们不要在节假日来打扰我。而一旦我在周六周日有了关于工作的好想法，也会先记录下来，等到星期一再与员工分享。

不断清理

不断清理自己的储藏室、储物柜，以及其他任何用来存放东西的地方，每年至少 4 次。我坚信，房间里的废品越少，头脑中的思维空间会越大。

制定简单计划

请用一句话来回答下面这些问题。这些都涉及你的创业初衷和最终理想。对有些朋友来说，你需要一个个来回答；而对其他一些朋友，也许一句话就可以回答所有的问题。

1. 你创办的公司是做什么的？

2. 你最想知道别人注意你的哪一点？

3. 为什么别人会雇用你？给个理由。

4. 你想投身于哪种社会事业？

5. 如果你在设计一种产品或服务，想一想：其中哪一部分可以去掉，而依然保持功效不减？

关键是要用一句话来回答每个问题。如果一时做不到，那就再多想想，直到想出那句恰如其分的话为止。

蒂姆·费里斯的时间管理攻略

我的朋友蒂姆·费里斯是一位时间管理方面的专家。我征询他的建议时，他对我说了如下这些：

首先，如果人们能够采用积极的思维方式，他们中的大多数人都会发现，就算工资或者退休金直降 30%，生活中一些最为重要的东西还是很容易得到的：几个好朋友、可口的饭菜，再加上一瓶好酒。这实际上是在亲身实践哲学家塞尼卡（Seneca）提供的建议："你可以抽出几天的时间，穿上破烂不堪的衣服，吃最一般的饭菜。换句话说，就是用最少的钱来心安理得地过几天。这时，你可以问问自己：'我真的害怕这样的生活吗？'"

换言之，理想的生活方式是需要设计的。先构想出一个理想生活方式的大致框架，然后在其中加入高效工作的每一个片段。千万杜绝先把自己的生活用很多杂七杂八、不分轻重的事务填满，然后寄希望于很幸运得到一种可以接受的理想生活。根据我在"四小时博客网"（www.fourhourblog.com）和其他地方所做的调查（有千余人参与了调查），大部分人不认同后者。

下面这些策略一定可以让你的生活更为简洁而有意义：

1. 用 80/20 法则分析一下自己每天的时间分配状况，然后制订一张名为"绝对不做事项"的明细。是不是跟很多人一样，你的时间只有 20% 用于全神贯注的工作，而剩余的 80% 都处在各种干扰的包围中？如果情况属实，你可以分析一下哪些是主要的干扰因素，然后登录下面这个网站——"拯救时间"（www.rescuetime.com）。在你的"绝对不做事项"中，列出两到四种最费时间的干扰源，然后至少在一两天之内坚决不去碰这些东西。你还可以用"拯救时间"（Rescue Time）这个软件在一些特定的工作时刻屏蔽掉一些社交网站和聊天工具。

2. 学会使用低成本的网上虚拟助手

如果从今以后你每周可以休息三天，你会做些什么？如果你能有效地使用虚拟助手，就完全有可能每周节省 8 个小时。换句话说，对于大部分人来说，我们可以做到在两个月内每周节省 10 到 40 个小时。这样，你就有了闲暇去追求自己的梦想，而不用等到退休后再说。而且还可以把注意力集中在一些高产出的活动上，而不是天天为了行政和人事的琐事而焦头烂额。这是一种从根本上提升生活品质扩大视野的方式。如果你成功地做到了这一点，你就会感到奇怪：当初那些糟心的日子是怎么过的？自己怎么就没想过改变一下？下面这些网站都可以提供我刚才所说的这些帮助：周日提问网（www.asksunday.com）、在线自由职业（www.elance.com）、红色管家（www.redbutler.com）、资源平等（www.samasource.org）。

3. 上午 11 点之前绝不查看电子邮箱

在查看邮箱之前把一切不想办却又不得不办的事情办完。

4. 不怕出点儿小乱子

很多人为了把大事做成，都可以容忍生活中的一些瑕疵。比如，因为耽误了回电话的时间，而不得不向别人道歉，或者没有按时归还图书或光盘而需要交罚款，再或者因为顾客无理取闹而干脆断绝往来。如果你感觉身上的压力够大，就不要再拿这些小事来压迫自己。其实在这一过程中，你可以真正领悟到哪些是能够从根本上改变你事业和生活的因素，因此，那些无足轻重的小事就随它们去吧！

有些小的失误是可以弥补的。就算不能弥补，由于这些失误不会带来特别严重的后果，所以全当是你混迹商界不得不交的学费。举例来说，你是不是经常为了工作需要而违章停车，从而交了不少罚款？或者有些所谓的朋友老让你感觉不爽，终于有一天他听了你说的某些话而决定和你断交？没关系，我们的人生时间和精力有限，应该集中在那些意义重大的事情上，而不必为了这些鸡毛蒜皮的小事儿损失脑细胞。

第六章

建立信任

信不足焉，有不信焉。

——老子

过去 20 年间，托尼·谢（Tony Hsieh，中文名：谢家华），这位台湾移民的后裔，在美国的事业发展非常成功。1996 年，托尼 22 岁，创建了一个名为"交换连接"（Link Exchange）的网站，一个广告网站。可不要小瞧这个网站，在它的鼎盛时期，其市场覆盖率超过了 50%。也就是说，在美国的网民中，有超过半数人都看过他们发布的广告。1999 年，他和合作伙伴们以 265,000,000 美元的高价将这个网站卖给了微软公司。

同年，托尼加入了Zappos[1]。截至2008年，他们的销售额已经达到10亿美元，而且还在不断增长。一年后，公司被亚马逊收购，市值大约12亿美元。

作为并购合约的一部分，托尼与他的团队答应留在Zappos工作，目的不仅仅是促进公司效益继续增长，更是为了保留公司独特的文化。Zappos的信誉极好，既能够吸引员工（在《财富》杂志2010年评选的"全美最适宜工作的公司"排名中Zappos位列前15名之内），也能够吸引顾客（公司的顾客满意度高得惊人，销售额中有四分之三来自回头客）。

托尼跟我讲过很多他事业上的成功秘诀，但最为重要的是他为Zappos创建的备受众人推崇的公司文化，而这种文化的核心就是信任。他曾对我说："信任是一家公司的基础，正是因为信任我们，才能够完成工作，并实现梦想。一个品牌的成败与否完全取决于与商业伙伴的信任程度。"

信任可以体现在很多方面，其中包括员工、经销商和顾客。托尼对我说："如果公司员工想的都是公司的整体利益，而不是自己的私利，这家公司才有可能高速运转。"

为了促进信任关系，托尼鼓励员工相互了解成为朋友，即使

---

1 一家美国卖鞋的B2C网站，自1999年开站来，如今已成长为网上卖鞋的最大网站，超过了Amazon。

工作之外也经常待在一起，这样，员工的交流就完全不受工作场所的局限。他说："如果我们是朋友而不仅仅是同事，我们就更容易相互帮助。"

Zappos 在公司内外建立信任的另外一种方式就是尽力做到言行一致。"前几天，我在博客上发表了一篇文章，里面详细记录了公司被亚马逊收购一年来的发展状况。一年前，当公司刚刚被亚马逊收购时，我给员工写了一封长长的备忘录，其中涉及我能想到的所有关键点，好让员工们明白，公司现在处于什么状况，还有为什么说收购对我们来说是件好事。在刚刚提到的那篇文章里，我回顾了一年前那封备忘录中的要点，并详细说明了当初的承诺与计划是否已经兑现。举例来说，我们当初与亚马逊约定，公司在收购后依然保持相对独立，而且 Zappos 这个品牌也会继续保留。很多持反对意见的人都说，他们听过太多类似的承诺，可从没有一家公司真正能将其兑现，被收购的公司早晚会变得面目全非，完全成为收购者的附庸。确实，这种状况并不少见，但 Zappos 就是与它们不一样。我们现在依然保持独立，我一年前写的那封信依旧算数。"

我们还有一点做法跟其他公司不同，就是鼓励员工上推特，然后在上面畅所欲言。很多其他公司都会有一套管控措施，限制员工的言论自由，而我们只是告诉员工相信自己的判断力，这就足够了。

还有很多让 Zappos 声名鹊起的措施，下面这一条就会让大家耳目一新：如果有人接受了公司举办的岗前培训，但最终没有留下来工作，公司依然会向他们支付 3,000 美元。我们需要的是忠于公司的员工。大约有 98% 的受训者会婉言拒绝其他公司提供的高薪职位，而最终加入我们公司。

还有一项很奇葩的规定，我们公司希望每个员工给公司中的任何其他人一个 50 美元的奖励，只要他认为这个人的工作对得起这些钱。这种奖励每个月一次。

由于有这样的信任关系，我们的员工很少跳槽，公司的跳槽率在每个部门会有所不同，但整体来说，在全行业是最低的。

我们同时也在努力与经销商和顾客建立信任关系。公司与1500 个品牌有合作关系，没有任何一个品牌在这次并购中失联。因为我们之间的关系有私人关系的成分在里面。托尼曾说过，"我们从不把任何关系看作单纯的商业关系，信任产生于人际关系的方方面面。"

"在传统生意中，批发商和零售商之间常常会形成一种敌对关系。这是因为他们之间好像有一种零和博弈，就好像大家聚在一起分一个蛋糕，你多切一块我就少吃一块，反之亦然。而我们把所有的经销商都看作是自己的合作伙伴，共同把买卖做大，这才是我们的最终目的。如果我们相互信任，蛋糕就会越来越大，谁多谁少就不是关键问题了。"

彼此信任是 Zappos 的默认状态，很多其他公司在发展到一定阶段之后要用金钱购买信任，而我们的信任关系，是从一开始就建立起来的,"的确有时候我们也必须和一些不可信的人打交道,但这不会影响公司的整体方针。"

信任这个话题覆盖的范围很广,但我在这里只想把它一分为二,一种是你作为企业负责人在企业内部建立的信任;另一种是你与外界人士建立的信任,这包括顾客、经销商或者捐赠者(如果你们是一家非营利组织)。

内部信任

从工业革命刚刚兴起一直到现在,由于企业管理模式的局限,老板和员工之间逐渐形成了一道深不可测的鸿沟。弗雷德里克·温斯洛·泰勒(Frederick W. Taylor)[1]所写的《科学管理的原则》(The Principles of Scientific Management)被称作工业时代的圣经,其中采用了一套所谓科学的分析方式来提高生产力。这套理论的核心观点如下:工人天生就是懒虫,他们绝不会喜欢自己的工作;工厂的管理者应该将整体的工作切分成小块让工人来做,并且不断监管和掌控工人的所作所为;我们要根据工人在特定时间的表现支付他们工资,只有用金钱刺激才能让工人提高生产力。

1　Frederick Winslow Taylor(1856—1915),美国经济学家、管理学家,被后世称为"科学管理之父",代表作《科学管理的原则》。

根据这一原则来运作的企业，给员工清晰地传达了这样一个信号：老板不会将重大的任务交给你，因为你根本就不被信任。还有，工作时间之外就不要再想公司的事情，你想再多，老板也不会发钱给你。

　　并非所有的老板都是这样管理员工的，也并非所有的员工都有这么强烈的不被信任感，但可以打包票的是，从总体上来说，在那个时代，"信任"这个词压根就不会出现在企业管理者的词典里。

　　在过去几十年里，企业管理者的思维模式变化很大，其中变化最大的是关于如何创建企业内部的信任关系。我实在想不出还有哪一方面会经历如此翻天覆地的巨变。现在，老板与员工之间的信任关系是企业成功的基石。

　　作为企业领导，你的工作就是激励员工、激励同事、激励你的合作伙伴，换句话说，激励你在工作场合接触到的任何人。过去的公司领导一般都会充满个人魅力但又狂妄自大，就像巴顿将军一样，而现在，优秀的公司领导会信任自己的员工，并放心分权给他们。作为员工，如果感觉自己不是工作的奴隶，而是可以掌控工作的独立个体，并从中获得极大的乐趣，那他们的工作热情可想而知。而这就是一个好领导应该实现的工作氛围。现在我觉得，营造这种氛围，提供这种感觉并不是一件难事。

　　永远记住：员工对工作的满意度越高，公司的业绩就会越好。激励员工的一种重要方式，就是让他们感觉目标一致，正像我的导师卢·乔治(Lou George)所说的："我们听到的是同一种声音。"如果一个团队能够齐心协力，目标一致，他们的信心就会暴涨。

在从敌对走向信任的过程中，很多因素都在发挥作用，但最为决定性的因素就是公司决策如何在公司内部得到传播。以前的传播方式是垂直的，从上到下。在员工们看来，所有重要决策都是在老板的办公室里制定出来的，之后才会有选择性地一点点渗透给中下层员工。而现在的感觉是，办公室是平的，各个层次的员工都可以为公司的发展出谋划策，不管他是实习生、合同工，抑或总裁，也不管他身处芝加哥、上海，还是设得兰群岛（ the Shetland Islands ）[1]。我们完全无法预测下一个创造奇迹的伟大想法会来自哪里，又如何传播，是从上到下？还是从下到上？抑或是在公司的中层蜿蜒盘旋？哦！这只有天知道。

要想让精彩创意在公司内部自由传播，员工就必须要感到自己有责任去提出并执行这些想法。要想鼓励员工为公司的发展竭尽全力，就不仅要给他们职位，更要给他们那种处于这一职位所应有的权力，还有就是向公司上一层提出自己创意的能力与信心。很多因素都会让整个公司士气低落，其中最致命的就是员工身在其位却发现自己并没有得到相应的执行权力。

有很多现代企业领导都抛弃了原有的管理模式，其中比尔·休利特（ Bill Hewlett ）就是一个很好的典范。他是电脑业巨头惠

---

1 英国群岛名，位于苏格兰东北部。

普的创始人之一。在斯蒂芬·M·柯韦（Stephen M. R. Covey）、斯蒂芬·R·柯韦（Stephen R. Covey）和瑞贝卡·R·梅瑞尔（Rebecca R. Merrill）三人合著的《信任的速度》（The Speed of Trust）一书里，讲述了关于休利特的一个故事。有一个周末，他去公司的仓库找一件工具，却发现工具箱被锁上了。惠普公司有规定，所有工具都对员工开放，以表明公司对所有员工的信任。看到那把锁，他非常生气，当即就把锁给砸烂了，并且在工具箱上留下了一行字：惠普信任自己的员工！（HP Trusts Its Employees.）公司的另外一位创始人帕卡德（Packard）后来说："敞开的箱子和仓库是一种信任的标志，而这种信任是惠普运营模式的核心。"

过去 40 年里有一个说法，一直吸引着公司管理人员的注意，那就是"仆人领导术"。这个说法是罗伯特·K·格林里夫（Robert K. Greenleaf）[1]发明的，出现在他 1970 年写的文章《领导即仆人》（The Servant as Leader）中。这一说法指的是那些运用情感共鸣、倾听技巧、代管策略和对员工的关注等个人品质来确认自己的领导地位，而不再仅仅运用权力。

当然，过去的很多领导者早就想到了这样一种领导艺术，比

---

1 罗伯特·K·格林里夫（Robert K. Greenleaf, 1904–1990），作家，商业顾问，1964 年创立了"格林里夫仆人领导术研究中心"。

如佘纳加（Chanakya）[1]在书中写道："领导者不仅要考虑什么会让自己高兴，更要考虑什么会让下属高兴。"历史上的很多哲人学者，从甘地到小马丁·路德·金都推崇这样的领导艺术。

现在，仆人领导术这个概念又一次深入人心，这主要是因为，现在的成功领导者都愿意尽可能地与员工分享权利，与社会分享企业利益，而且都倡导富有创意的合作环境，而不是像以前那样鼓励盲目竞争。

我得承认，十几年前当我刚刚开始创业时，我的目标就是要把自己塑造成摇滚明星类型的商业领袖，我的尊姓大名将享誉全球，完全盖过其他同龄人，就像那种邪教领袖的感觉一样。但是在创业过程中，随着我对商业世界以及整个人类世界了解的加深，这种痴心妄想就慢慢消散了。取而代之的是更柔和、更具人性化的管理方法。我不希望自己成为 TOMS 唯一耀眼的明星，公司中的任何一个人在适当的时候都可以成为企业的代言人，这会成为他们热爱公司的最大理由。

一个领导者可以创建一家公司，而一个团队创造的是一股风潮和一种运动。

真正伟大的仆人式领导者，会给我们带来各种启示。在他们的管理下，员工热爱公司，努力工作，其动机不仅是为了自己的

---

1 佘纳加（Chanakya，公元前 350-275 年），古印度哲学家、经济学家、法学家、皇室顾问。

事业发展，更是为了公司的前途。仆人式领导者很明白不该让员工按照老板的命令去玩命工作，而是使员工能够在自己的帮助下实现他们的心愿。也就是说要尽量保证团队中的每个人都可以发挥自己最大的潜能。

所以作为领导，你要做的就是帮助员工做好他们自己的工作。因此，我告诉公司的上层领导者要为每一位员工努力工作。

举例来说，公司高层中的两位最典型的服务型领导者，一位是坎迪斯·沃尔夫斯维克尔（Candice Wolfswinkel），我的粘鞋师（Shoe Glue）；另一位是吉尔·迪艾欧芮欧（Jill DiIorio），他负责公司的零售和美国的整个市场。有意思的是，坎迪斯·沃尔夫斯维克尔在公司的总部工作，而吉尔·迪艾欧芮欧的工作地点在德克萨斯州的休斯敦，两人相距 2000 多公里。但是他们两人真是英雄所见尽同，都会用同样的方式激励员工，鼓励他们不断产生新的创意，认可他们的工作成绩，而且允许员工按照自己喜欢的方式来完成工作，效果出奇的好。假如两人用传统的方式来管理员工，结果就不堪设想了。

仆人式领导术包括很多方面，其中最有效的能够建立信任的方式就是承认自己的错误。

不管做什么你都有可能犯错误，别怕，这都是好事。犯错误是让企业成长的重要方式之一，如果你不是把错误当成一种阻碍，而是当作一种进一步建立信任的机会，你就很有可能变被动为主动。

我在创办 TOMS 的过程中犯过不少错误，最糟的一次是与清风房车（Airstream）有关，那简直是一场灾难。

创业初期，我们经常乘坐清风房车去各处做宣传。我很喜欢这个牌子，它既经典又时尚，代表了一种魅力无限的旅行体验。我猜想，其他的清风房车爱好者也会因为我们的宣传而喜欢上 TOMS，所以我说服了我们的生产团队，精心制作了 800 双 TOMS 鞋，这在当时来说是个不小的数目。

这 800 双鞋子做得很漂亮，它们的主色是灰色和海军蓝，正好是清风房车的颜色，而且衬垫上还有美国公路网的图案。为了促销，我们决定在佐治亚州（Georgia）的佩里（Perry）举办 2008 年的营销大会，因为这里每年会举办一次清风房车爱好者的聚会。来自北美地区的 2, 000 多名房车爱好者将赶赴那里。

到那里之后，场面确实壮观，不管是人还是车，但是这些狂热的房车爱好者大多是已经退休的老年人，他们喜欢的是具有矫正功能的鞋，而不是 TOMS 这样的轻便鞋。他们好多人都认为鞋子的样式与清风房车的款式很协调，很适合房车爱好者，或者认为上面画着公路网的衬垫也很酷，可由于年龄问题，他们没办法穿我们这种类型的鞋，所以那次大会我们只卖出了 5 双鞋。

回到洛杉矶以后，我主动公开承认了自己的判断失误。我原以为房车爱好者跟我们以前所见的 TOMS 消费者会是同一类人，但实际上，他们在年龄上有很大差距。因此，我们决定以后再做类似决策之前一定要有较为系统的调查过程。（顺便说一句，我坚信"万物皆有用"的说法，所以，这些与房车有关的鞋都让我赠送给了自己那些喜欢房车的朋友们。那年夏天，我一直穿着这款限量版的TOMS鞋，以便提醒自己今后要三思而后行。）

作为企业领导者，如果你能坦率地承认自己的判断力错误，员工们就会明白你不会掩盖自己的错误，或者将错误归咎于其他人。关于这次房车大会的失误，我一个人承担了全部责任，没有表示是销售人员不够努力，或者生产部门生产的鞋子不好看，也没有说研发团队有问题。如此一来，我得到了公司员工的信任，而且还给他们一种暗示，那就是你们也可以犯错，这只不过是学习的一部分。

从此以后，不管是谁只要没努力做调查就想拍板，我们就会说："小心哦，别忘了房车大会那次的事情。"

我还犯过另外一个错误，而这次的错误却让我赢得了顾客的信任。我们曾向诺德司特龙（Nordstrom）、城市装备（Urban Outfitters）以及速乘（Active Ride）这样的零售巨头供货，当时所有的鞋底上都有一小块布，我们觉得这样的设计很美观，顾客们也这样认为。但是有一次，我们一次性生产了6,000双这种款式的TOMS鞋，而这次上面那块布料的面积有点偏大。你刚穿上这种鞋的时候根本感觉不出有问题，但几周之后那块布就被磨烂了，一下雨人们就会在湿滑的路面上摔跟头。

并没有顾客来投诉，但我们知道问题出在哪里，于是就赶到各家零售商店，把事情原原本本跟他们说了，其实即使是零售商也是听我们说完后才知道是怎么回事。

我们决定召回所有这批鞋，这对我们来说不仅是很大的财政负担，而且也会让舆论对我们的怀疑更为加剧。我们是一家小公司，本来就有很多人怀疑我们的运营模式和可信程度，再这么一折腾，无疑雪上加霜，所以不管从那个角度来看，这一举动都非常冒险。但是，幸运的是，我们勇于承认错误的态度为我们赢得了长期的信任与合作。从此之后，所有的经销商都坚信，TOMS 产品的背后有强大的信誉支撑。

从另外一个角度来说就像你勇于承认错误一样，你也必须允许员工犯错误。他们可能把文件放错了地方，本来可以成交的订单给弄砸了，或者毁坏了公司的某些财物，再或者无意中冒犯了某位顾客。犯错总是难免的，但是员工失误所造成的损失远远比不上他们从这些错误中获得的成长经验，以及将来为公司带来的巨大收益。举例来说，如果客户部门的某位员工犯的错误让公司损失了 5000 美元，这些钱当然就都打水漂了，可是换个角度想，这就避免了他犯同样的错误给公司造成更大的损失。

为什么这么说？首先，这位员工不会再犯类似的错误，更为重要的是，我们不用再培训其他员工来顶替 TA 的工作。因为新员工也会冒冒失失地犯这 5000 美元的错误。现在呢，我们这位员工经验丰富，知道这份工作中可能存在的陷阱是什么，于是就降低了重犯的概率。

还有一种可能。员工犯错是由于整个运营系统导致的，不管是谁在这个职位上都会犯类似的错误。于是，在经历一些失误之后，你就要考虑如何对系统做出调整。

如果你给员工的信任多于商业教科书上所规定的底线，短期内他们犯的错误很有可能会给公司带来损失，但从长远来看，所有这些信任都会给你带来不小的回报。

另一方面，如果公司某位员工犯的错误，就是破坏同事之间的信任关系，那情况就完全不同了。你必须创造一种企业文化，那就是我们对于破坏信任关系的行为要零容忍。

为保护员工隐私，下面这个故事里所有被涉及的员工都使用了化名。

在我曾经开办的一家公司里有位员工叫杰瑞（Jerry），虽然刚刚大学毕业，但工作起来却像个职场老手，每天努力工作，早来晚走，而且还经常说个笑话逗我们开心。

不过，我们很快就发现，他有一个致命的弱点——喜欢嚼舌根子。当然，在办公室里随便聊聊或者说说笑话没有什么不好，这不仅能增进员工之间的友谊，而且还可以释放压力，只要注意语言尺度且没有恶意就好。而且公司的领导也不该去监管每天员工都说了些什么，否则就有点儿太限制大家的自由了。但杰瑞的情况是舌根子嚼得有点儿明目张胆，而且言语极其恶毒，就像只咬人的疯狗一样，逮谁咬谁，甚至连他自己团队中的一些伙伴都不放过。只要他不喜欢的人，或者感觉对方能力比自己强，都会成为他嚼舌根子的对象。他说的有些话确实挺逗乐的，但别忘了那可是带着恶意的，如果你是那位被攻击的对象就一点儿也不会觉得有趣了。最后，情况越来越严重，有些员工竟然会哭着来找我，说杰瑞又编造了一个关于他们的恶意新闻，在同事之间已经散播开了。

"本月最佳失误"

在密歇根州的底特律有一家广告公司，他们特别重视从失误中吸取经验教训，已经将这一做法上升到了一个新的高度。这家公司名叫布罗根合伙公司（Brogan & Partners）。他们每个月会给员工颁发"本月最佳失误奖"。这个获奖的员工所犯的错误应该对团体员工有鞭策的价值，而且必须承认自己的失误，获奖者由公司投票决定，获奖员工将获得 60 美元的奖励。更为重要的是获奖结果将在全公司公布，以便提醒大家不要犯类似的错误。举两个例子。一个是在客户那儿做业务展示，结果发现 PPT 内容未经检查，上面的文字一团糟。还有就是给客户送一些不太合适的礼物。有位员工给客户送了 3 只上面印有豹子图案的高尔夫球棒套，而有些客户根本没有认出这是什么东西，甚至有位客户打电话致谢公司赠送给他们的联指手套为什么要送 3 只。

对于诋毁员工的行为，我们一直采取零容忍的态度，因为这是造成员工之间不信任的罪魁祸首。所以，尽管他犯的也只是一个错误，但这种错误是我们无法原谅的。最终，我们让毒舌杰瑞走人了事。

解雇一个能力出众的员工是非常痛苦的，但是为了建立团队成员之间的信任关系，我们必须有所取舍。这能够让我们的员工心里明白我们说到做到，绝不容忍那些破坏团结的人。

为此，我们必须清除一些捣乱分子，这种事有时候办起来很棘手，但却不得不去办，特别是辞掉一些业绩突出的员工。做这种事的时候要有长远打算。公司的发展不能依靠业务出众的几个员工，而是要依赖大家的共同努力，这样的企业文化一定要保持下去，不惜代价。

外部信任

公司要想生存下去就必须与外部人员建立信任关系，这其中包括你的客户、经销商，和为你公司捐款的人士。公司内部所做的一切就是为了和这些人建立并保持良好关系，如果这项工作失败了其他都无从谈起。

美国商业历史上有很多真实案例，讲述的都是破坏与员工之间信任关系会带来什么后果。这其中包括曾经的电话行业巨头世界通讯公司（WorldCom）、零售业巨头凯马特集团（Kmart），还有英国石油公司（BP）。英国石油公司花大价钱做广告，吹嘘自己是一家多么重视环保的公司，结果却在墨西哥湾泄露了大量的石油。

而其他公司在遭遇信誉危机时，会快速反应，沉着应对。举例来说，1982年居住在芝加哥地区的7位居民因服用了被氰化物污染的泰诺（Tylenol）[1]药片而丧命，这其实并不是制药公司的问题，而是在运输到药店的途中药片被污染了。当时，警方并没有发现事实的真相，在那段群情激奋的日子里，人们一听到这个药名就会又怕又骂。

很多制药企业遇到此类情形多选择放弃这个品牌，而强生公司（Johnson & Johnson）没有这样做，他们当时在止痛药品市场占有很大的份额。最后，他们决定不惜一切代价恢复泰诺这个品牌在人们心目中的声誉。公司花重金做各种宣传，以便提醒消费者受污染药品带来的危害，召回了市值1亿元的药品，并将它们替换成新生产的药品。公司与执法部门合作，悬赏几十万美元缉拿真正的肇事者，此外，还彻底换掉了药品包装上的各种标识。从此以后，所有可能遭污染或破坏的药品包装都被加上了一到两层密封处理。这些措施很奏效，现在，泰诺依然是最受消费者信

1　泰诺（Tylenol，酚麻美敏混悬液），主要用于小儿，可减轻普通感冒或流行性感冒引起的发热、头痛、四肢酸痛、喷嚏、流涕、鼻塞、咳嗽、咽痛等症状。

赖的止痛药品牌。

　　大批企业家之所以如此成功，多受益于他们与顾客建立的良好关系。卡尔·希维尔（Carl Sewell）是我的商业导师之一，也是这个时代非常成功的企业家。他所著的《顾客就是我们的生命》（Customers for Life）直到现在依然是畅销经典。在书中，同样也在自己的实践中，他总是强调信任关系是企业的生命，远远胜过赚钱这件事。"在运行过程中，我们的企业总能体现出一条重要理念：信任比金钱更重要。"

　　诺德司特龙就是这样一家非常注意服务质量的连锁企业，他们的宗旨始终是：顾客第一。在这家公司里总能见到，有些员工为了帮助顾客会竭尽全力做一些职责范围之外的好事，这在其他商店中很难遇到，而这样的故事在诺德司特龙却数不胜数。罗伯特·斯佩克特（Robert Spector）与帕特里克·麦卡锡（Patrick McCarthy）曾写过一本名为《诺德司特龙的独特经营方式》（The Nordstrom Way）的著作，其中提到，一位员工发现顾客在购物时把飞机票落在了柜台上，该员工赶紧给机场打电话，却发现机场无法将机票改签，于是，这位员工直接跑到机场，利用机场的广播找到了那位乘客，把机票及时交还给对方，整个过程花了将近一个半小时。这位员工当时并没有请假就擅自离开了自己的工作岗位，在其他商店里他也许就要受到处分了，可是在诺德司特龙，他不但没有被公司批评，反而还得到了表彰，因为公司信任自己的员工，鼓励他们为了顾客的利益做一些"出格"的事情，哪怕是牺牲工作时间。

另一种建立信任的方式就是对顾客做出郑重承诺。比如有些
公司会用新一代产品替换旧产品，这样的品牌都有终身保修
的承诺，顾客对这样的承诺深信不疑。在这方面做得比较好的两
家公司，一个是行李箱生产商途明（Tumi），另一个是生产飞杆
钓鱼（fly-fishing）[1] 装备的奥维斯公司（Orvis）。

关于途明公司的故事是这样的：有一位顾客打电话给公司，
要求重新返修一下他的公文包，这个公文包对他来说有特殊意义，
因为这是他的父亲 1992 年从给他的礼物，而这位顾客郑重声明，
要在自己的职业生涯中只用这一个公文包。公司二话没说就让这
个破损不堪的公文包完好如初了。（顾客把包送来的时候无意中
在里面放了两支昂贵的银质钢笔，包修好后返还给顾客的时候，
那两只钢笔还在里面。）

奥维斯公司有这样一项规定：如果你的鱼竿无意中坏掉了，
只要向公司提出申请，他们就会马上送来一个新的。有一位顾客说，
他在和响尾蛇作战的时候把鱼竿折断了。还有一位男士说，他即

1 就是使用特殊的飞钓线（Fly line）、飞钓竿（Fly rod）和人工拟饵（fly），
利用独特的挥舞技术和线本身的重量，将线和饵打出去，然后慢慢回收线，
利用不同手法和水流状况表现拟饵的活动，吸引鱼儿攻击上钩的一种钓鱼
方法。

将离婚,一次回到家时,发现妻子把他所有的鱼竿都用锯子弄断了,公司很快送去了新鱼竿,而且并没有进一步询问查证。

我一直喜欢钓鱼而且经常旅行,所以这两个品牌对我都很重要,我是这两个品牌的死忠,而且还会有很多人跟我一样。这全部来自于他们对顾客的完全信任,从而做出的终身保修或者替换的承诺。所以这就是一条铁律:顾客信任公司的承诺,才会信赖公司的产品。

放开做慈善

公开透明,直截了当,做慈善就应该这样。想让捐赠者信任我们,就要清清楚楚告诉他们钱都去哪儿了。最好的例子就是斯科特·哈里森(Scott Harrison)创办的"上善若水"(charity:water),我从中学到了如何运作一个慈善组织。

他的故事对我启发很大。35 岁的时候,斯科特的人生已经经历了几次大起大落。第一次变故发生在他 4 岁的时候,家里发生了一次严重的一氧化碳泄露,使他母亲的免疫系统遭到严重破坏,致使生活不能自理。斯科特童年的大部分时光都在照顾母亲。

少年时期的他,用他自己的话来说"简直就是一个完美的孩子"。他的父母笃信正统的基督教,因此也教给他一整套在家庭和教堂里应该遵守的严格的价值观。他每天都按照这样的原则来生活，照顾母亲、洗衣做饭，并定期到礼堂做礼拜。

但是到了18岁，"我开始反叛一切。"于是，他留起长头发，加入了一个摇滚乐队，并且搬到纽约居住，希望在那里一夜暴富、声名远扬。4个月后，摇滚乐队解散，但是他马上开始转行做夜店生意。以后的10年里，他成为纽约非常有影响力的夜店经理人。

到了28岁，斯科特感觉自己的生活无可救药地滑入堕落的深渊。2004年的一天，他当时正带着漂亮的女朋友躺在乌拉圭一片风景优美的海滩上，享受着精心调制的鸡尾酒，忽然意识到，自己的人生距离父母教给他的核心价值已经越来越远。于是，他决定重新回到自己幼年时期所受的教诲之中。他向上帝许诺要尽心为穷人谋福利，然后就开始寻求去非洲做志愿者的机会。

他向很多人道主义团体提出申请，唯一接受他的是"爱心船"组织（Mercy Ships）。这个慈善组织，关注的焦点是全世界的港口，为港口上有需要的人提供帮助。斯科特在组织中的身份是一个摄影记者。很快，他就乘船去了利比里亚。这是一个刚刚摆脱了内战的赤贫国家。

两年后，司考特已经欠下了4万美元的债务，但事后他说："尽管如此，我的生活却永远地发生了变化。我决心用一生的时间侍奉上帝，服务穷人，但问题是我看到的越多就越感觉失落。"

他很快了解到，全世界有80%的疾病都与缺乏干净的饮用水和基本的卫生条件有关，有11亿人直到现在还无法享有这些最基本的保证。于是，他决定创办自己的慈善组织。

他认识的很多人都对慈善组织心存疑虑，因为很多慈善组织缺乏透明度，但斯科特相信自己可以通过一种全新的模型来解决这个问题。他的原则是大胆、直接、简单、透明。他的慈善组织目的很简单，就是要为有需要的人士提供干净的饮用水。所以，他的组织名称里面特别强调了那个"水"字。

他开始实施自创的"百分百战略"："上善若水"募集到的每一块钱都会直接用到实处，即用于修建饮用水设施。这就可以证明他们所做的一切都是真实的。公司培训组织成员必须学会使用全球定位设备（GPS）和照相机，这样，所有关于项目进展的照片或者视频都可以放到互联网上，这样，任何一个捐款人都可以看到自己的钱是否派上了用场。他的想法就是要创建一个人人都可以信任的品牌，而且真的可以通过互联网看到。

成立 5 年来，"上善若水"吸引了全世界超过 10 万名捐赠者，共筹集捐款 22,000,000 美元。这些捐款帮助了全世界 17 个国家的 100 万人喝上了干净的水。"我们已经解决了 0.01% 的全球用水问题，我们的 10 年目标是到 2020 年，要帮助 1 亿人喝上干净的水。"

"关键是要相互信任，人们向我们捐款是因为他们信任我们，知道我们会把钱一分不差地用在解决饮用水的问题上。"

这个慈善组织也有自己的行政支出，他们在纽约有 26 个员工，还有斯科特要不断地去全世界各地出差执行公务，但是这些款项由截然不同的通道获得与慈善捐款是完全分开的，所以他们能够保证捐款者的每一分钱都用在慈善事业上。

2007 年，我第一次遇到斯科特·哈里森，当时我们都处于创业初期。他非常确信地说一定要给人们提供干净的饮用水，说这句话时带有成功企业家的乐观和自信。我从没有在别人口中听到过这样的说话语气，他极大地鼓励我一定要把TOMS做成功，而且还教给我一些如何在公司内外创建信任关系的宝贵经验。

其中的一种方式就是邀请顾客参加我们的赠鞋活动，拜访那些为我们捐款的人，看看他们在如何工作。当公司规模尚且很小的时候，我们就已经接受网上申请，成千上万各个年龄层、各种背景的人们都提出了申请，在我们最终选择的参与者中既有 80 多岁的祖母级人物，也有 18 岁的大学生。我们的赠鞋活动共有 50 多次，大约有 200 名志愿者参与了进来。

通过让顾客和其他感兴趣的人士参与赠鞋活动，并且鼓励他们在网上发布自己的照片和视频，逐步建立了大众对我们的信任。很多人没有机会参与赠鞋，却偶然在网上看到了相关的视频和图片，逐渐开始相信我们，因为我们正在履行诺言。

同时，我们从一开始就跟顾客们说得很清楚，公司和很多注重公益的组织机构不太一样——我们是一家营利公司，目标是帮助他人，同时从中营利。我们并没有隐瞒这个目的，所以我们借此开创了一种新的社会企业模式。

我们的韩国分销商林帝杰（Deejay Lim)抱着几名南非孩子。由于分销商业务被他经营的有声有色，南韩已经成为TOMS规模最大的国际市场之一。

建立信任有技巧

很明显，我们一定要明确一点：建立信任不仅仅是一种商业策略，也不仅仅是一件很有意思的事——这是一项至为关键的任务。不管你开办的是一家新公司、一家注重社会效益的企业、一个非营利组织，还是在一个现有机构中运作的部门，只要你有一定的独立性，就应该在创办初期把自己的目标清清楚楚、明明白白地告诉所有员工。你的表达越清楚明白，你的员工、客户和出资人就越有可能认同这个宏伟的目标。换句话说，他们会更加信赖公司的愿景。

让我们再回顾一下，首先如何在公司内部创建信任关系：

与下属开诚布公

比如说在公开场合表扬，在私下里批评，而且两者都要做得直截了当。如果员工犯了错误，直接告诉他，而不是去告诉其他人，也不要假装什么都没有发生过，更不要替他们隐瞒。作为老板人家把自己的身家性命都托付给了你，如果你提出的批评意见真诚而且有建设性，他们就会非常自然地信任你。

此外，与员工谈话的时候可以带一点感情色彩，不要总是面无表情。展示真实的自己，会让你的形象在周围人的心目中变得鲜活起来。你的形象越鲜活，人们就越信任你。当然，你可以展示自己快乐高兴的一面，但在合适的时候也可公开表现出自己的弱点、焦虑和痛苦。

给予员工自主权

现在的公司运营模式跟从前大有不同，很多公司的部门可以设在本国或世界上任何一个角落，而且员工中有很多都属于咨询业人士，或自由职业者，因此，作为企业领导者，我们更应该学会给予员工自主权。你越是信任员工，员工们就会越信任你。我确信，要想让员工有更高的工作积极性，就必须把更多的权力下放给他们，两者是能够成正比的。如果你步步紧跟，一步不差地去监督员工的一举一动，结果会让你非常难堪。

如果你懂得如何把权力下放给值得信任的员工，不仅能够保证公司运行平稳，而且能够使你脱身于各种琐事之外，从而有时间去思考更为重大的问题。这就是说，要避免事无巨细的管理方式。一个项目启动后，你只需在开头和结尾去看一下，中间过程完全可以放心地交给员工去处理。如果你习惯了事无巨细的管理方式，那不仅要占用你的大量时间，而且员工能够很轻易地察觉出你对他们的不信任，你需要花费大量时间去处理一些鸡毛蒜皮的小事。

这样，不但自己很累，员工也不会对你有什么好印象。

让员工独当一面

说到这一点，最好的例子就是乔纳森。他大学毕业后就来到我们公司当实习生，当时，对于生产和物流完全是一个生手，但是，小伙子很聪明，人也可靠。很快，他就很出色地完成了一些非常繁重棘手的工作。现在，他已经是我们公司物流方面的老手，成千上万的产品从他手上有条不紊地发向世界各地。

有时，我与别人谈起放权这种事的时候，别人会说，你们公司的员工素质高，经验丰富，而我们就没有这样的员工。我当时就想，那为什么不从源头上控制一下呢？就是说，为什么不在招聘的时候多下点儿工夫呢？如果在当初招聘员工的时候就条件高一点、把关严一些，那么，在实际的工作中就可以大胆地放权，这样会省很多事儿。你不必因为某个员工力不能逮而苦恼，也不用再为要不要解雇他而感到纠结。很多公司在创业初期急于把自己设置的各种职位都一一填满，而后就会一直苦恼于如何管理这么多风格各异、千奇百怪的各色人等。如果一开始就把招聘优秀员工作为头等大事来抓，以后的日子里大家就能够齐心协力来思考如何把公司办得更好。这样，你不仅有了出色的员工团队，还顺理成章地创建了相互信任的办公环境。

信任实习生

实习生也是人，要充分信任他们。如果你能够招聘到优秀的实习生，他们就能够为你分担很多工作中的困难，而不仅仅是添了一个跑腿儿的。在很多公司里，实习生都是龙套，打打文件，端端咖啡。而在我们公司，实习生一样受到重用，担任着重要职务。如果你信赖他们，他们就会用出色的工作来回报你。很多时候，他们的表现远远超出你的预期。

与公司外部人士建立信任关系的方法：

恪守"黄金法则"

对待顾客就要像对待另外一个自己一样。有了这样的换位思考模式，一切交流障碍都可迎刃而解。如果你和顾客之间有了纠纷，努力想想如果你是这位顾客，你想让公司的人怎样对待你？如果顾客有一些特殊的需求，不妨假设这种需求就是出自于你本人。

举例来说，不久前，有位女士打电话给客服，询问能否购买一双大小不一样的鞋（她当时提出来的是：一只6号，另一只9.5号）。客服回答：很抱歉，我们无法专门生产这样一双鞋，如果真的需要，可以购买相应的两双鞋来自己配对。两天后，我们收到了这位女士写来的一封长长的电子邮件，里面讲到，她先天就是两脚畸形，一只适合穿6号的鞋，而另一只要穿9.5号，这给她带来了很大的痛苦。她给其他制鞋公司也打过电话，答复与我们上边提到的差不多。尽管她也理解，自己的要求对任何一家公司来说都显得有点儿过分，但她也强调了自己的特殊情况：我们公司新近推出了一种绕踝靴（wrap boot），这位女士特别想买一双。她购买的其他靴子售价都在 50 美元左右，一般有必要的话，她可以选择买两双自己配对。但是我们的靴子售价是 95 美元，买两双对她来说实在有些无法承受。

看到这里，我们马上联系仓库，为她匹配了一双合适的靴子，并且告诉她，公司会记录她的特殊情况，不管她有什么特殊要求，我们都会尽量满足。她的回信中充满了惊喜与感激。这样，我们就把一位单纯的顾客变成了 TOMS 故事的宣传员。

使用自家产品

这一条也很重要。如果你不断向别人兜售自己的产品，自己却从来不用，别人怎么可以信任你呢？信任来源于了解，在我们公司，大家会竭尽全力实践这一原则。

举例来说，2010 年夏天，我们推出了自己生产的楔形高跟鞋（wedge）。有一次，我在一次演讲后与一位女士闲谈，她问我这种鞋穿起来是不是舒服，我不假思索地说："那当然。"她看了我一眼，淡淡一笑："您是怎么知道的？莫非您穿过？"

我当然没有穿过。不过，听她这么一说，我就非得试试不可了。回到办公室，我马上找来一双这种鞋，那鞋跟足有七八厘米高，然后费了半天劲才穿在了脚上。同事们有的感觉很诡异，有的忍俊不禁。我就这样穿着这种高跟鞋在办公室里进进出出，整整两天，不出我所料，这种鞋穿起来的确舒服，只是对于没穿过高跟鞋的男士来说会有些不习惯。

如果您创建的是一家慈善机构，那就学学斯科特·哈里森创办的"上善若水"：

公开透明

不管是什么样的组织机构，公开透明都是很重要的一条原则。"上善若水"的网站上有谷歌地图，你可以查看他们修建的每一口水井的地理位置和照片。看到这些，你就不会再对这家慈善机构的运营有任何疑问了。

很多人在向慈善机构捐款前都会十分犹豫，主要是因为不知道自己的钱能不能用在合适的地方。让个人或者组织去承担运营费用是一个不错的想法。这样，这家组织就可以向捐款人保证，他们捐赠的每一分钱都用在了急需救助的人身上，这样才能建立相互之间的信任，吸引更多的善款。

时刻做到公开透明也能够让你在开支方面保持节俭。如果你知道捐款人都在背后看着自己，又怎么会修建豪华的办公室，或者给自己和员工发高工资呢？

第七章

乐善好施

付出越多，生活越美。

——鲍勃·白德曼（Bob Bedman）

上大学的时候，劳伦·布什（Lauren Bush）既当过模特，也当过志愿者。她曾有幸被选为联合国粮食计划署（WFP, the United Nations World Food Pragramme）的形象大使，这使她有机会去很多不发达国家看看，其中包括危地马拉、柬埔寨、斯里兰卡和坦桑尼亚。在那里，她亲眼看见了饥饿和营养不良所带来的严重后果。

她去过的国家越多就越深刻地体会到一种无能为力的感觉。

"从这些国家回来以后，我有强烈的欲望想要做点什么，但又不知道怎样去做，当然我们应该伸出援手，可是一个人又能做些什么呢？"

劳伦开始研究饥饿所带来的全球性问题，最终意识到：只要能给孩子们提供一顿免费的午餐，就完全有可能改变他们的生活，而且花费非常低。资助一个孩子一年的午餐只需要 20 到 25 美元。

同时，劳伦在旅行过程中发现用回收材料制作旅行包的活动正在蓬勃发展，使用这样的旅行包非常环保。

2004 年，20 岁的劳伦突然灵光乍现：她可以把这两件事结合在一起，具体做法是设计一款男女通用的环保旅行包，每卖出一个包就可以为一个贫困儿童提供一年的学校午餐。

这一想法实际进展得十分缓慢。2007 年，她和她的朋友艾丽·古斯塔夫森（Elle Gustafson，当时正在粮食计划署工作）共同开创了"卖包捐粮"项目（FEED Projects），称自己的公司为"慈善企业"。他们开始在亚马逊网上独家销售自己的旅行袋，并信守承诺，每卖出一个包就会给一个孩子提供一年的学校午餐。当我第一次听到这个想法时，非常高兴，因为这就是 TOMS 运作模式的一个新版本。

劳伦在原来的基础上又进一步改良了自己的旅行袋品种，在每种款式的包上贴上数字以表示自己的慈善目标，比如"FEED2"意味着要为两个儿童提供一年的午餐，而"FEED100"意味着要为卢旺达的一个儿童提供 100 次午餐。后来，公司开始让自己的慈善项目更为多样化，比如通过联合国儿童基金会（UNICEF）资助一些营养健康项目，通过"读书小屋"（Room to Read）资助当地一个提高儿童识字率的项目，通过自己创建的美国"卖包捐粮"项目（FEED USA）为美国儿童提供更有益于健康的学校饮食。他们还创建了一个"健康背包"项目，来资助非洲的"千禧村"（Millennium Villages）[1]，为在那个地方工作的社区卫生人员提供帮助。

迄今为止，公司已经卖出了超过 50 万个旅行袋，通过联合国粮食计划署向全世界的贫困儿童提供了超过 6000 万次学校午餐。

我们要记住一点：劳伦开办的这家公司是一家营利企业，每当提到这一点她就非常自豪。公司的利润可以保证其独立运作，而不用依靠他人的捐赠。"尽管这项目一开始关注的是儿童的饮食和营养问题，但是到现在为止我们的资助范围已经远远超出了这些。通过为孩子们提供午餐，我们同时也在资助他们的教育。对于很多孩子来说，这是他们一天中唯一的一顿饭。我们经常看到有些孩子会把一部分午餐放到袋子里拿走，或者是拿回家作为晚饭，或者给那些还没到上学年龄的弟弟妹妹吃。"

"我记得，有一次在卢旺达，我问一个小女孩长大了想做什

---

1 一个旨在消除非洲地区贫困、提高当地人口生活质量的项目，由哥伦比亚大学地球研究院（the Earth Institute at Columbia University）、联合国发展计划署（the United Nations Development Programme）和千禧承诺组织（Millennium Promise）共同发起。

么。有时候，我怕问孩子这样的问题，因为他们的答案经常会让你很伤感。但这次不一样，小女孩正在上学，而且由于我们的资助，他们吃得也很好。她看起来充满了快乐和信心，自豪地对我说：'我想当总统。'"

听完这个故事，我的心都融化了。如果一个简单的旅行袋就能让孩子有这么远大的理想，那无疑这家公司做了一件大善事。劳伦非常喜欢这份工作，那种喜欢很难用语言表达。她对我说，每天早上起来她都感觉自己是一个幸运儿，因为能够有幸参与这么伟大的事业。

好上加好

劳伦的创业故事告诉我们，慈善也可以做成好生意。这个"好"具有两层含义，一方面的好是因为帮助了别人，另一方面的好是因为赚到了钱。这不就是我们所说的一箭双雕吗？很多人已经成功实践了这种模式，把慈善融入自己的企业文化中。

我最初开创 TOMS，就是想用一种可持续发展的方式帮助阿根廷那些贫困的孩子。当我们踏上第一次赠鞋之旅时，那种感觉真的改变了我的一生，帮助别人的感觉简直太棒了。在过去的几年中我还体会到，慈善同样有利于企业发展。

如果你能够把慈善元素融入自己的企业，甚至自己的生活中，你所能得到的回报远远超出你当初的想象，好事会接连不断地发生。这还不包括慈善活动本身所带来的积极效应（由于你的帮助世界上很多人的生活发生了质的变化），我现在谈的只是商业方面。

从一方面来说，如果你的企业中有慈善元素，你的顾客就不仅仅是顾客，而成为帮助你推销产品的合作者。还记得我们以前讲过的那位女士吗？就是她想要给我讲 TOMS 的故事，类似的故事还有成百上千。有一位俄亥俄州立大学的年轻女士特别喜欢 TOMS，她在 2009 年的秋天组织了一次大型的"鞋底也时尚"活动。这次的活动完全是她一个人组织的。她去当地的高中给学生们讲 TOMS 的故事，并鼓励他们参与"今天不穿鞋"活动（One Day Without Shoes）。

在佛罗里达州的奥兰多有一所大学高中，一位十几岁的少年组织了一次集会，要求大家观看我们的纪录片，还要求学校当局帮助他宣传 TOMS 的故事。由于他的努力，校排球队光着脚在体育馆里转了一圈，以提高人们对 TOMS 的认识。现在所有的体育队在比赛前，都会赤脚绕体育场走一圈，以传播 TOMS 的理念。

在田纳西州的布伦特伍德（Brentwood），有一所瑞文伍德高中（Ravenwood High School），那里的几位年轻学生创办了名为"脚穿 TOMS 去跳舞"的活动（Operation TOMS Prom），呼吁全国高中生都要穿着 TOMS 去参加班级舞会，有 3200 多名学生响应了号召。

这几位学生事后写道："我们几个人对于 TOMS 所做的一切

非常着迷。马上又快到一年一度的舞会季了，通常这段时间里，学生们要么是排演一些话剧，要么就是疯狂购物，把大把的钱花在各种昂贵的奢侈品上。而我们在想，要是能有一些公益活动那该多有意义。我们想的是那些可以帮助别人的活动，而不只是自己花钱来享受。这个地区的很多学生都不知道 TOMS 这回事，也不清楚这家公司在做什么，但是，我们几个曾经参与过公司活动的同学下定决心，要让这家公司的'卖一捐一'活动在这个学校

"制鞋达人"肖恩

肖恩是公司元老之一，一个制鞋达人。这句话的意思是，他在制鞋行业混迹很多年了。从事这个行业之前，他是一个疯狂的铁人三项爱好者，所以他后期所做的工作都与这个爱好相关。比如，他就曾经在一家运动器材商店里做过兼职，而且持续了很长时间。

后来他加入了耐克公司，然后一直在这个行业混迹打拼很多年，再后来他跟一个朋友开办了一家溜冰鞋公司——"二鱼鞋坊"（2·fish）。由于各种原因，公司不久就倒闭了，于是肖恩决定做一名独立的制鞋业咨询顾问。

我和肖恩在 2006 年第一次见面，当时正值《洛杉矶时报》报道了我们的故事，公司急需招聘员工。

好，现在欢迎肖恩谈谈他自己的感受。大家鼓掌！

里尽人皆知，而舞会季就是最好的宣传时机。我们相信，通过这次宣传，又会有几百双TOMS鞋赠送给那些没有鞋穿的孩子们了。超出我们的想象，这个想法很快就奏效了，TOMS的故事不仅在我们学校广泛传播，而且还传播到了从东海岸到中西部地区的很多学校，现在至少有35所学校确定要参加这次活动。"

通过舞会宣传，TOMS已经成为一项全国性活动，这使得上万名本来无鞋可穿的孩子摆脱了光脚走路的痛苦。

我遇到布雷克之后，挺喜欢他这个人，他说让我帮着他一起干，我想了想，说，行啊，不如就先在他那儿干着。他这个"卖一捐一"的想法挺有意思，但我也不知道能不能行得通，但是布雷克劝了我很长时间，终于让我动心了。那是在2006年的7月份，到10月份公司就会卖出10000双鞋。我们打算去阿根廷开展赠鞋活动，刚巧赶上我结婚9周年纪念，我想可以把这次旅行看成是送给妻子的结婚纪念礼物。

但是，在赠鞋活动中，我逐渐意识到，这不仅仅是一次旅游，它会成为改变我人生的一次重大事件。在赠鞋的第一站，我们遇到了一位开孤儿院的女士，她对我们说，跟其他任何东西比起来，鞋都是他们最需要的。要是没有鞋穿的话，孩子们就没有去上学的机会。听到这里我忍不住哭了，在整个赠鞋活动中我至少哭了三次。

这可完全超出我和妻子最初的想象。我们本来并没有意识到我们能够改变这么多人的生活。我终于明白为什么布雷克会鼓动员工们都来参加赠鞋活动。参加完一次赠鞋仪式以后，整个人都变得很不一样了，这就是TOMS的不同之处。不管有时候日子过得有多苦，工作多忙多累，有些顾客多难应付，你都要昂起头，深吸一口气，郑重地对自己说："刚才我看见天上飘过五个字儿：这都不是事。我们做的这份工作不只是为了赚钱，我参加过赠鞋活动，我亲手把鞋穿在了那些孩子们的脚上，我看到了他们脸上的泪水，也看到了他们妈妈脸上绽放的笑容，我们的工作已经改变了世界。"

我和妻子决定让两个孩子也去一次，让他们理解物质享受不是生活的全部，大房子、大车子也不是那么重要。所以2008年1月，我带着全家又去了一次阿根廷。孩子们对这次的活动喜欢得不得了，他们眼神中明显透露出骄傲，透露出自豪，因为那些鞋子就有他爸爸的功劳。他们都想穿穿我做的鞋，以前从来没有出现过这样的情况，这种感受，怎一个"爽"字了得！

帮助他人所带来的回报简直无穷无尽，这不单单指的是那些被帮助的人，同样也指我们自己。生活中好多让你不愉快的事都会瞬间烟消云散，你会喜欢上你的工作，并且忍不住和别人多说几句。我刚进入 TOMS 的时候，感觉自己身心疲惫。以前，我遇到的好些公司老板，他们确实有很多不错的想法，可是大多都没有做到实处。原以为我以后在工作中不会得到什么乐趣了。现在看起来，我错了。

如果你的工作很到位，顾客们其实更有理由关注你的工作状况，这就是为什么在 2010 年的"超级碗"比赛中百事可乐能够出奇招获胜。当时，百事可乐与可口可乐正在电视上进行激烈的广告战，这种争斗持续了很长时间，大把大把的钞票都被砸了进去。但是，在那一年，百事可乐决定不再疯狂做广告，而是用省下来的 2000 万美元创建了一个"百事可乐创意项目"（the Pepsi Refresh Project online）[1]。这个项目旨在鼓励人们为创建美好的明天出谋划策。

对于百事可乐来说，这项活动不仅能够帮助他们孕育出上百个新鲜创意，而任何一个创意都有可能发展成为一家大公司，或者一个新的公益组织。更为重要的是，这项活动使百事可乐公司

1　2010年由百事可乐公司发起。公司投资两千万美元，鼓励任何个人、公司，或者其他团体提出能够提高大众生活质量的新鲜创意。

成为幕后推手，帮助他人组建新公司，成为其发展历史中不可或缺的一部分，这样也自然而然和这些新公司的顾客之间创建了一种紧密的联系。

除了使顾客变得更为忠诚之外，这项活动的意义远远不止如此。如果能够把公益思维引入企业文化，你就可以吸引很多能力出众且充满激情的员工。经常有人对我说，你们公司的员工都好厉害。此话不假，我们就是有能力找到杰出人才，共同缔造TOMS 传奇。而且，我们的员工很少跳槽。过去几年里，跳槽的

我们曾经和元素滑板公司合作生产限量版懒人鞋和"买一捐一"滑板。本图拍摄于在南非德尔班港（Durban）郊区举办的靛青滑板营（Indigo Skate Camp）。

事只有少数几次，更多的时候，你会看到很多杰出的人才放弃了去财富五百强企业工作的机会，而加入我们公司，一起创造不一样的辉煌。

德勤公司（Deloitte）[1]最新做了一项民意调查，主要关注公司对于公益事业的参与程度对员工的吸引力。调查结果显示，72%的美国员工都认为，如果有两份工作摆在面前，各种待遇都差不多，比如公司位置、职位的责任大小、工资待遇以及上升空间等等，他们会倾向于选择能够把公益思维融入企业文化的那一家。同样，2002年商业交流事务所寇恩（Cone）所做的调查也表明，有77%的受访者表示，在选择工作时，他们会倾向于选择那些参与公益事业更多的公司。

我不止一次看到，当人们感到大家正在为帮助他人努力工作时，工作热情就会很高，而通常意义上的钩心斗角就不太可能发生。这便创造了一种非常和谐的工作环境，而有能力、有热情的员工绝不会选择离开。

---

1 68世界四大会计师事务所之一。德勤公司在其国际化的战略指引下，在近150个国家和地区内拥有下属企业，汇集了12万多的专家，并致力于为客户提供卓越的专家服务和咨询，其主要业务集中在四个领域：审计、税务规划、咨询和财务顾问，全球有一半以上的大型企业、国有企业、公共机构、本地重要客户以及成功的成长期企业都在享受着德勤的服务。这家企业采纳了合伙制的形式，本身不直接提供服务，而是通过其全球的会员企业来聚敛财物。

共享光环

参与公益事业不仅能够吸引杰出的员工，还能为你提供机会去吸引可靠的合伙人。一家公司不可能完全独立生存，你需要找到靠山，借用他们的声誉和专业经验。你很快就会发现，任何一家企业都愿意和参与公益事业的企业合作，他们会竭尽全力帮助你成功，因为你的公益心让他们敬重。

从创业第一年起，我们就开始与很多家企业建立伙伴关系，与微软和美国在线（AOL）合作举办"今天不穿鞋"活动（ODWS）；"无线创意"（Threadless）[1]也参与了"今天不穿鞋"活动T恤衫设计竞赛的活动；脸书帮助我们举办假期活动；优游网（YouTube）帮我们宣传公司的形象；《少女时尚》（Teen Vogue）与我们合作举办了"鞋底也时尚"活动。与我们合作的公司还有很多，其中还包括拉尔夫·劳伦（Ralph Lauren）、创办掘客网（Digg）的凯文·罗斯（Kevin Rose）、"上善若水"

---

1 创立于2000年，位于芝加哥。这家网站利用众包来设计新T恤。该公司网站每星期都会收到上百件来自业余或专业艺术家的设计。然后他们把这些设计放在网站上让用户打分。每星期有4到6件得分最高的T恤设计会被投入制造，然而能不能量产还要看公司是否收到足够多的预订单——只有预订单达到一定数量的T恤才会正式被排入生产线。

的斯科特·哈里森（Scott Harrison），以及"元素"滑板装备（Element skateboards）的创始人约翰尼·希尔福（Johnny Schillereff）。

一般来说，很多大型公司都很难在公益活动方面取得大众的支持。他们一表示自己要参与公益事业，人们就会想，是不是想避税或者借机宣传自己公司的形象？但是，如果他们能够与一些比较接地气的小型公司或是非营利机构建立伙伴关系，然后再参与公益，人们就有可能相信他们是在真心做公益，因此员工的士气也会得到提升。

大公司想要借助我们的好名声，正像我们需要借助大公司的实力，这就使得我们的合作关系牢不可破。举例来说，萨克斯第五大道(Saks Fifth Avenue)在第五大道的每一个橱窗都宣传"上善若水"，而且通过销售"上善若水"生产的手镯和 T 恤衫，筹集到的 30 万美元捐款对"上善若水"帮助很大，同时也刺激了萨克斯第五大道员工的工作热情。

与此类似，盖璞（Gap）与劳伦·布什（Lauren Bush）的"卖包捐粮"公司合作生产了三款肩包，每售出一个肩包就会有 5 美元捐赠给"卖包捐粮"项目。袋子上面有"自选捐助"网站（Donors Choose）的编号，这样，销售所得就可以准确地捐赠给购买者所指定的学校。

另外一个例子：《精品》杂志（GOOD）被称作"为想提高生活品质并参与公益事业的人提供帮助的综合媒体平台"。他们与星巴克合作创建了一份信息画报，名为"精品活页画报"（the GOOD Sheet），上面会刊载一些热点话题的文章，比如关于教育、医疗、碳排放等。

例子不怕多，我再举一个：北美菲多利（Frito-Lay North America，是百事可乐的一家分支机构）与"太拉回收"合作，后者回收利用前者的包装，并把它们做成优质商品。这个项目鼓励消费者和当地的社区工作者，通过回收旧包装来赚钱，同时也可以使这些包装品免遭被填埋的厄运。通过这一举措，"太拉回收"正好实现了自己的环保理念，而北美菲多利也从参与公益活动的过程中赢得了更多民众的支持。

TOMS 把很多技术问题都外包给其他公司，这是因为我们不是一家技术公司；而很多大型公司与我们合作就是看重了我们的公益性质，因为公益也不是他们的核心实力。双方都可以在合作中受益，而且更为重要的是，这样的合作让更多的人得到了帮助。

这种模式正适合 TOMS。我们的公益活动其根本意义在于向贫困儿童赠鞋。现在，通过与各种人道主义组织以及当地社区的合作，我们已经举办了多次赠鞋活动，而且我们对当地的帮助不局限于赠鞋这一方面，还包括健康、教育、干净的饮用水以及其他。这是一种全方位的公益行动，我们的赠鞋活动也成了他们公益项目的一部分，而他们的公益项目将因此产生更为深远的影响。他们的持续参与将使我们确保在孩子的成长过程中，一直都会有我们的鞋穿在他们脚上。赠鞋活动使我们有机会与这些组织持续合作，而这样的合作关系使我们的鞋能被捐赠到全世界任何一个地方，而影响力越来越大。

创新商业模式

尽管我们通常都可以意识到，将公益思维融入企业文化大多会带来双赢的可喜结果，但这并不意味着这种方式一直能够得到人们的支持。在过去，很多著名经济学家和商业古儒都发表过文章反对企业参与公益事业，经常有人引用经济学家米尔顿·弗里德曼（Milton Friedman）的话：企业唯一的社会责任就是增加自己的利润，别无其他。

在 20 世纪中期的美国，这种商业哲学占据着统治地位，但是现在，这种想法早已过时，而且已经得不到人们的认可与支持。一家企业的经济效益和社会效益完全可以融合。很多公司意识到，如果一味追求经济利益，顾客与合作伙伴将会与公司越来越疏离，这将会带来巨大的商业风险。他们也明白，如果公司想吸引高端人才并将这些人才长期留在公司，他们就要注意保持一种良好的社会形象。我们前面说过，2006 年寇恩（Cone）做过一项调查，80% 的受访者都很坦诚地说，他们在选择公司时会特别留意公司的社会声誉。与此类似，2008 年斯坦福大学商业研究院调查显示，97% 的受访学生表示，他们情愿放弃一些经济上的利益而为一家具有良好社会信誉的公司工作。

很多大型企业，比如英国保诚集团（Prudential）、国际商业机器公司（IBM）、明尼苏达矿务及制造业公司（3M，Minnesota Mining and Manufacturing Company 的缩写）、西尔斯百货（Sears）都专门设有回馈社会的项目。比如苹果公司每年向学校捐赠几百台电脑，这种做法不仅推动了教育的发展，也为苹果公司的产品创造了新的市场。美国运通（American Express）[1]为某些中等职业专科学校的旅游协会（Travel and Tourism Academies）提供资金支持，这一项目旨在为社会培训导游，越多的人去旅游，就会有越多的人使用美国运通卡。再比如装修公司家得宝（Home Depot）与专注于孩子们的"叮咣组织"（KaBOOM）合作，耗时1,000个工作日修建了1,000个儿童游乐场，在这个项目上他们投资了250,000,00美元，有将近10万名的公司员工作为志愿者参与到这个项目中。美国克罗格公司（Kroger）每年都要给当地的一些非营利组织发放打折卡，用这样的卡片购物价格会便宜5%，这些非营利组织卖掉这些卡片，然后用这些钱来从事公益事业。

还有一些公司，他们所设计的一些公益项目跟公司品牌没有

---

1 国际上最大的旅游服务及综合性财务、金融投资及信息处理的环球公司。公司创立于1850年，总部设在纽约。这是国际上最大的旅游服务及综合性财务、金融投资及信息处理的环球公司，在信用卡、旅行支票、旅游、财务计划及国际银行业占领先地位。

太多关联，却可以体现出他们要为社会做贡献的决心，这就能够非常显著地提高顾客的认同感。举例来说，制鞋公司添柏岚（Timberland）允许自己的员工休假一周去参与公司自己运营的名为"服务之路"（Path of Service）的活动，每一位员工都可以选择自己喜欢的项目，而且工资照发。通过这种方式，公司留住了很多优秀员工，他们都为公司的公益思维所感动，基本不会想到辞职或者跳槽。

公益思维

我强烈建议创业公司将公益事业纳入自己的企业文化。这并不是说你就必须要新开办一家公益组织。有时，在已有的公司框架内，借助一些有公益思维的员工的努力，同样可以产生很好的社会影响。下面这个故事出自著名作家和商业咨询顾问提姆·桑德斯（Tim Sanders）所写的《在工作中改变世界》（Saving the World at Work）一书。这本书被称作企业社会责任的宣言书，里面讲到了加拿大帝国商业银行（CIBC）。他们的一些员工就很有想法，通过参与公益事业为银行带来了巨大的经济和社会效益。

1977年，帝国商业银行位于阿尔伯塔省埃德蒙顿（Edmonton, Alberta）的支行，签署了一项协议，承诺资助加拿大乳腺癌基金会（Canadian Breast Cancer Foundation）每年举办的

"协助治疗"活动（Run for the Cure）。这个资助项目会为这项活动提供一定量的资金支持，同时鼓励本公司员工也参与进来，不管是出钱还是出力。

之后的三年里，几百位来自埃德蒙顿和多伦多的公司职员都想尽量多为这个项目捐款，他们约定为这个项目举行跑步活动，并且在各地组织人员开研讨会，讨论如何获得更多的捐款，同时还参与到公司所举行的推广活动中，比如在街上张贴海报，或者穿上由乳腺癌基金会提供的 T 恤衫和粉红丝巾。

到 2001 年，已经有几千名公司员工参与到这项活动中，因此，公司高管要求他们的品牌营销团队进一步研究这项公益活动带来的积极影响。研究结果显示，这项活动使得这家银行在顾客中享有很高的声誉，特别是在一些女性客户中。还有，员工的跳槽率也大大降低，很大程度上也是受到这方面的影响。

看到这份研究报告后，银行高层管理者决定重新定位这项公益活动，将其从社区事务部转移到了更受重视、资金也更为雄厚的品牌营销部门。他们还决定，再拿出 300 万美元来资助这个项目，通过电视、纸媒和网络进行广泛传播。现在，"协助治疗"活动已成为北美地区最大的为乳腺癌捐款的项目。这是因为，公司员工意识到，一家企业必须回馈本地社会。2010 年，他们创纪录的筹得捐款 330,000,000 美元。

你真的不用为从事公益事业而新创办一家公司，你只需在已有的公司中开辟一个小部门来从事这件事，已有公司的强大影响力会推动这项慈善事业，持续不断地向前发展。

　　不管你处于什么样的社会地位，做的是什么样的工作，其实都完全可以做公益，关键是从现在开始就要动手，从帮助身边的人开始，身边的任何人都可以，不用搞得太复杂亦不必为了这件事，非要开个公司或者创建一个组织，应该先从改变思维方式开始，努力观察自己的所作所为是否为这个社会带来了实质性的变化。

　　开第一家公司的时候我 19 岁，不管是在当时，还是在之后很长的一段时间里，我都没有想过要参与到慈善或者公益事业中去。当时，我的世界观里压根儿就没有这一项。

　　但是后来，当我意识到自己应该做什么，并且能够做什么，我的人生就完全改变了。我下定决心要调整自己与世界产生联系的方式。当时这是一个艰难的决定，因为我的公司刚开张，我完全可以等到公司成熟了再去做公益，那样也可以借机避税。但我还是把公益事业很快地融入了自己的创业过程，要不然的话，你就不会看到我在这一章里提到的种种好处。无须多说，我很庆幸自己当初做了正确的选择。

真心付出

　　不要在事后才想要不要参与公益活动。如果你本来就有公益心，那就在创业之初好好想想如何让其融入自己的企业文化。下面的方法行之有效：

公益不仅是捐钱

钱很重要也很必要，但是这绝不是做公益的唯一方式。在捐款的同时还要更多地深入参与公益活动，还要深入体会参与过程给自己带来的满足感，从而真正把它变成自己生活的一部分，如果你只是捐钱的话，你不会知道钱都去那儿了，这会让你感觉自己的参与度很低。

巧用个人专长

每个人都会有一些特殊的才能，这可以成为你参与公益事业的资本。比如说你是一个牙医，那就可以为贫困家庭免费洗牙，如果让他们花钱洗牙，我想也许他们这辈子很难再见到你；如果你是一个文字工作者，可以免费帮一些刚刚起步的公益组织策划宣传文案。"上善若水"中有一位财务人员，他已经为这个机构争取了几十万的捐款。之所以能做得这么出色，主要是因为他的很多客户都是有钱人，他跟这些人非常熟悉，而这些人到了年底都希望通过捐款来合理避税，双方各取所需，一拍即合。

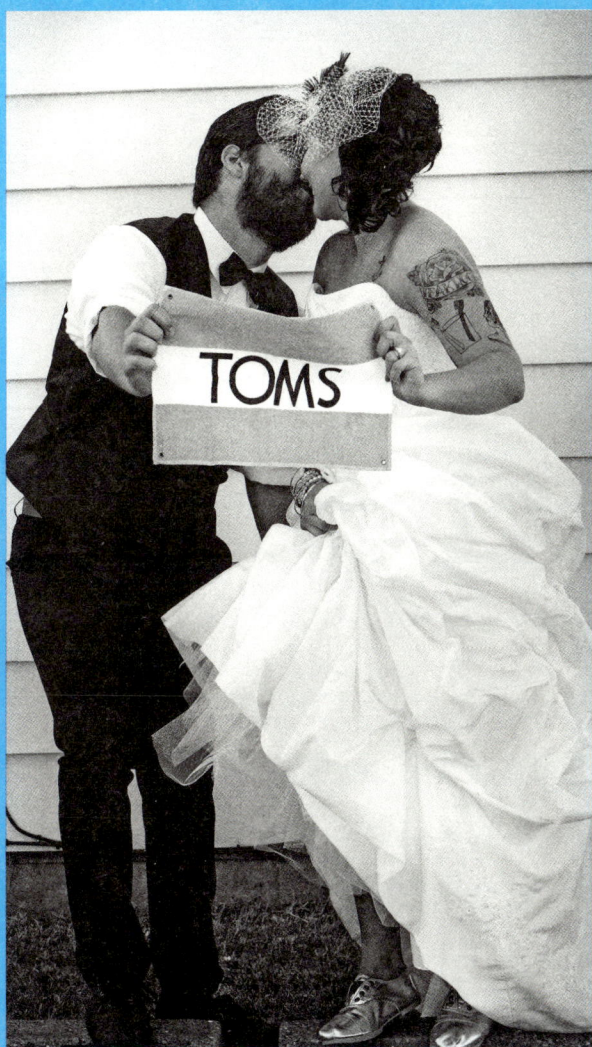

TOMS办公室情侣莎拉和乔丹（Sara and Jordan)在结婚当天拥吻。

广结善缘

尽量在各种场合让人们了解你在参与公益活动，不管是在市场营销活动上还是在度假期间，又或者通过自己的私人关系，甚至是与人约会的时候。不久你就会发现，自己的身边围拢了一批志同道合者。比如，我们公司曾在某年的情人节听到一个故事，在这个故事里 TOMS 竟然当了一回媒人。我们立刻将这段奇缘发表在了 TOMS 的官方博客：

在刚过去的这个夏天，我们正在弗吉尼亚度假。当天，全家人正在威廉斯堡的一家小型怀旧餐厅里吃汉堡，其中包括我们 22 岁的儿子。他是一个网站设计师，留着胡子，带着文身，性格特别开朗，这时有一个女孩儿走了过来（真是女汉子风格）。她告诉我儿子："我的一位朋友委托我把她的电话号码告诉你。"

她那位朋友当时 20 岁，也是时尚中人，觉得我儿子挺酷，最重要的是她看到我儿子穿的是 TOMS 鞋。由此，她觉得我儿子的想法会比较前卫，社会交际能力应该也挺强，于是怕别人抢了先，就主动开始搭讪。后来我儿子给那个女孩儿打了电话，他们约会了一段时间，而且有一段时间是跨国约会，因为我儿子有六周的时间待在肯尼亚帮助那里的孤儿。他们现在正筹备在弗吉尼亚结婚。他们希望参加婚礼的每一个人都能够脚穿 TOMS 鞋，这包括新郎、新娘、酒店的服务人员、捧花的小姑娘，是不是我们作为父母也要穿呀！

做慈善也需要精心谋划

参与公益事业功在当代，利在千秋，但要想产生真正的影响就必须满怀责任心，并精心谋划。下面这些建议将帮助你精心组织各类捐赠活动。它们出自我们公司两位重要的捐赠策划人：赠鞋总长（Chief Giving Officer）坎迪斯·沃尔夫斯维克尔（Candice Wolfswinkel）和赠鞋总监（Director of Giving）杰西卡·肖特尔（Jessica Shortall）。

一、不管向谁提供帮助，一定要倾听他们的要求。换句话说，不要自以为是、以己度人。不管是设计产品、提供服务、直接捐钱，还是付出时间，都要以他人的需求作为根本出发点。这就需要你用心倾听，不断学习。

二、要注意检查你所捐赠的物品会不会给受捐者带来额外的经济负担，要测算出物品到达受捐者手中所需的总成本，然后尽量自行承担。举例来说，如果你想捐赠鞋子，那么你将要面对的就是成百上千双鞋，这样你就要支付一切的运输费用（包括卡车、汽车，甚至毛驴）、临时仓储的费用，还有志愿者的伙食费等等。如果你是一位志愿者，就要想到发起捐赠的这个组织需要支付的所有费用，这其中包括住宿费、交通费、伙食费，以及所花费的时间。

三、尽量不要在捐赠的过程中提出额外的要求，如果你信任参与捐赠的组织和个人，那就应该坚信他们会充分利用你所提供的资源。

四、捐赠过程中，用最简洁有效的方式来做捐赠记录。比如说，我们公司在捐赠活动中从来不会要求志愿者们提供每个受捐赠孩子的名字与照片，因为他们都非常忙，没有时间拿着手机拍来拍去。要充分理解，捐赠活动是一套非常复杂的服务体系，大部分公益组织都在以类似的方式运作，询问一下你们的捐赠合作者，其他的捐款人要求他们怎样做捐赠记录。这样就省去了他们重新适应一套记录模式所浪费的时间，同时也可以保证你获得了重要的信息，以确保捐赠仪式顺利完成。

五、不断寻求反馈以提升捐赠效果。不管你面对的是贫困、疾病、气候变化还是灾难，这些事没有一件是容易解决的。不要想着第一次就会做得很完美，寻找机会去听他人反馈一下你所付出的时间、金钱或者资源，是否起到了作用。这就回到了第一点，用心倾听，不要怕做出改变。

行善需趁早

想做公益事业，现在就要开始，这样，你在一生中都可以享受到它带来的益处。在一般人的想法里，做公益这事儿要等，等到你退休了，再想该往哪儿捐钱。其实根本没必要等，现在就开始捐钱吧，当然退休之后也可以接着捐。如果你能找到一种方式让公益成为你企业核心价值的一部分，或者说，成为你的工作甚至娱乐的一部分，那么你就不必等到遥远未来无法确定的某一时刻，再把一大笔钱捐给你找了好久觉得还算可靠的公益组织。其实，你可以今天捐一点儿明天捐一点儿，积少成多，这样才算真正把慈善融入到了自己的生活中去。

量力而行

这个世界所面临的问题太多太大，我们经常有一种无能为力的感觉。因此，我们就应该尽量把事情简化，哪怕一次只做一件事，一回只帮一个人。有一个提供微型贷款的网站名叫"齐沃小额借贷"（Kiva.org），提供机会让大家为一些具体的个人提供非常小额的贷款，比如说在乌干达的一个农民想要养一只山羊，他就可以上"齐沃小额借贷"的网站去申请贷款，然后他就可以开始做自己的小本生意了。你只需提供买一只山羊的钱带给这位农民，这样你很快就可以收回贷款。其实，改变一个人的生活对你来说也是巨大的福佑。

付出胜于得到

你可以创造一种看起来就没有私心的方式，让人们参与到公益事业之中。比如说，斯科特创建了一项"生日聚会活动"（Birthday Campaign），要求参与者在过生日的时候，不收礼物不搞聚会，呼吁亲戚朋友把准备购买礼物的钱捐给"上善若水"。这项活动取得了巨大成功，那些朋友里有营销界的赛思·高丁，他一天之内就捐了 5 万美元（不是因为他岁数大，而是因为他朋友多）。

倾听他人的心声

不管你捐助的是什么，金钱、时间，还是像我们公司一样直接送鞋，那些经常与被捐助者接触的人更懂得如何更有效地利用这些资源。向他们提出问题，用心去倾听，然后精心挑选适合受捐者的礼物，以产生更积极的影响。

第八章

最后一步

全心全意为大众服务，是了解自我的最好途径。

——甘地

现在，我想与大家分享一封来信，写信的是一位年轻人，名叫泰勒·埃尔特林厄姆（Tyler Eltringham）。他是"一针见效"（One Shot）的创始人，这是一个公益组织，旨在帮助人们接种预防脑膜炎的疫苗。他们的活动范围不仅限于美国本土，也包括非洲很多地方。

亲爱的布雷克，你好，

在去亚利桑那州立大学（Arizona State university）上大一之前的几个月，我偶然发现了TOMS。我的一位女性朋友给我看了一下她那双TOMS鞋，并且给我详细解释了TOMS"卖一捐一"的理念。我对这一想法很着迷。当时我就想，不管这种鞋做得有多烂，单凭"卖一捐一"这种理念，我也会一双接一双地买回家。可实际情况是，TOMS的款式和质量同样让我着迷。

我买的第一双TOMS鞋是黑色的，在以后的两个月里我几乎每天都在穿，因为我的朋友们和我说这双鞋就像是我的第二层皮肤。第二个学期，我又买了一双作为礼物送给自己，因为"恭喜你，你又在大学里混过了一学期"。这已经变成了一种传统，我现在每一个学期都会买一双。

我想讲一讲自己的家庭背景。上大学对我来说不是一件容易的事儿。我5岁的时候父母离异，妈妈带着我从宾夕法尼亚州搬到了亚利桑那，想开始一种全新的生活。在成长过程中，我努力让自己扮演一种领导者的角色，比如说，有时候我会把那些毛绒玩具全摆在一块空地上，然后郑重其事地对它们发号施令，最后让它们打成一锅粥；再比如，我经常参加学生会活动，目的是通过他们提供的一次次锻炼机会，提升自己的领导能力。

别说太多了，让我们快进到我的高中时期。当时，妈妈与我亦亲亦友，但不幸的是，她得了胰腺炎以及恶性癫痫，情况非常严重，我的继父不得不辞去工作没日没夜地照顾她。你可以想象我们家当时的经济状况，这种状况一直持续了三年。我们几乎生活在赤贫之下，有时候甚至连住的地方都没有。但是，妈妈一直没有放弃对我的希望，比如有一次她几周没有服用止痛药，就是为了攒钱让我过一个像模像样的圣诞节。每次想起她那种无私的爱，我都会浑身颤抖，泣不成声。

她的情况越来越严重，我也被迫从高中辍学，然后拿到了普通教育资格证书（GED）[1]。我希望能够尽快开始赚钱，好减轻家里的生活负担。看着她从一家医院转到另一家医院，却没有任何一位医生愿意承担为她治疗的责任，这让我极度愤怒，这种心情变成了我成立这个公益组织的催化剂。

也许是天无绝人之路，我作为奥巴马总统奖学金（Barack Obama Scholar）获得者进入了亚利桑那州立大学。我想获得一种真正跨学科的教育，于是我加入了地理学会（Geographical Sciences）创立的理科学士项目（the Bachelor of Science program），全身心地投入了社区活动，有幸遇到了很多高人，也参与了很多很优秀的组织，比如遇到了荣誉地理学会的主席（the President of Geography Honor Society），并参与了帕特·蒂尔曼助学项目（Pat Tillman Scholar），还有州立大学的创业创新社团。

---

1 普通教育资格证书（GED），全名是 General Education Development，由美国教育委员会的 GED 考试服务部门颁发。这种考试的原意是给没有完成高中学业的军人在退伍后提供学历证明和继续接受教育的机会，这种证书基本等同于高中毕业文凭。

有一天，我偶然读到了关于我校创新挑战赛（ASU Innovation Challenge）的信息，这是学校举办的一项竞争，目的在于为有创意想法的学生筹集必要的资金。我读完后一动不动想了好长时间，后来稍微活动了一下，把腿翘起来的时候，我看到了自己穿的鞋，那天穿的正好是 TOMS 鞋，于是想到"卖一捐一"这种理念。想不到这样一个简单想法居然可以对世界产生如此大的改变。有没有可能把自己对健康医疗方面的热情跟"卖一捐一"活动相结合呢？

当时整个思维过程我现在有点想不起来了，但是，最终形成了一个很不错的想法。我的公益活动关注的是一种普遍流行的疾病，这是我在大一刚搬到宿舍的时候偶然听到的，它的名字叫球菌性脑膜炎。

我介绍一点儿背景知识。球菌性脑膜炎是一种通过细菌传播的疾病，美国每年有将尽有 2600 人死于此病，当然最严重的地区还是在非洲，那里有一个所谓的"脑膜炎地带"，涉及 14 个国家，每年有 75000 个疑似病例。

这种疾病会导致人脑和脊髓周围的黏膜产生炎症，引起类似发烧、脖子僵硬或者头痛等症状。如果不及时治疗，两天之内人就会死掉；就算采取了及时的医疗措施，也会有大约 20% 的病人不治身亡。侥幸存活下来的 80% 的人当中也会有超过 20% 的人留下严重的后遗症，比如耳聋、失明、学习障碍和神经系统损伤。

球菌型疾病覆盖全世界即使是在距离"脑膜炎地带"非常遥

远的美国，这种疾病的传染性极强，比如在各种宿舍里。所以它成了我国致命性极高的无形杀手，而且特别容易在大学生之间传播。

幸好，这种病可以通过疫苗得以防控。

我的想法很简单：大学生们需要接种相关疫苗，而位于非洲"脑膜炎地带"的人们更需要这种疫苗。如果我能劝说我的同学接种脑膜炎疫苗，同时也能帮助位于"脑膜炎地带"的人们接种疫苗，也许我就可以对世界产生一点点积极的影响。于是，我创立了"一针见效"这个组织。这是一个非营利组织，我们会为居住在大学宿舍里的学生提供疫苗，同时帮助解决这个困扰世界的难题。只要在我们国家有一个学生接种了疫苗，我们就会为非洲的"脑膜炎地带"捐赠一支疫苗。在学习市场营销的时候，我领悟到，顾客买的不是产品而是解决方案，所以我的想法就是创建一种能够解决全球问题的本地解决方案，同时，把TOMS的"卖一捐一"模式应用到防治流行病领域。

我从来不敢自称创业者，我只是想通过自己的努力让世界有一些改变，同时可以推动自己事业的发展。当时，我只是医学院的预科生，开创一个公益组织可不像在公园里散步那样简单，尽管我们觉得自己的想法不错，也激情四射，但要想赢得人们的支持可就不那么容易了。即使有些人真的有公益心，但他们也不会轻易相信一群大学生会改变世界。我们团队里面只有一个人有商业背景，所以如何使我们的商业计划看起来像模像样，这就像如何能够润色一个故事，好让更多的人相信一般。我们必须给人们一种印象，那就是，我们这个想法从经济学角度来说完全行得通，并且能够持续发展。

有志者事竟成。我们在参与创意挑战赛的时候，面对的是一群来自全国的创业专家。我们要全力以赴赢得比赛，在学校导师迈克尔·莫克瓦（Michael Mokwa）和丹尼斯·灵克（Denise Link）的指导下，还有一群小伙伴的支持下（包括科里·弗拉姆 Corey Frahm、金杰·怀特塞尔 Ginger Whitesel、杰夫·普拉尔 Geoff Prall、泰勒·里斯 Tyler Liss 和艾米·魏德米勒 Amy Weihmuller），最终，我们将 10000 元大奖捧回了家。

现在，我们明白如果能够说服专业人士来投资我们的项目，那么这个项目绝对值得我们用一生来践行，而我们就是这么做的。

随着"一针见效"获得越来越多的人的认同，扩大事业的机会也随之而来。仿佛一夜之间，各种组织都向我们伸出了橄榄枝，想要帮助我们的事业发展：整个学校都在支持我们，还有本地的各种防疫组织，甚至连国家疾病防控中心（the U.S. Centers for Disease Control and Prevention）都对我们的运营模式非常感兴趣。各种媒体也纷纷报道，其中包括《凤凰商业周刊》（Phoenix Business Journal）、《州报》（State Press）、美国广播公司新闻频道（ABC News Radio）以及大学校园频道（ABC College News）。

时至今日，"一针见效"依然处于传统新企业所谓的爬坡阶段。我和同伴们都是"全职"学生，所以经常还需要做一些兼职来维持生计，但是"一针见效"项目一直是我们所有参与者生活里的重中之重。现在，我们正在为2011级秋季新生的脑膜炎防疫宣传做最后的准备，我们估计会有1,200人参加。校方全力支持我们，除此之外，与我们合作的还有护理与健康创新学院（the College of Nursing and Health Innovation）和马里科帕卫生局（the Maricopa County Department of Public Health），他们的参与可以保证我们实现创办这一组织的初衷，我们的一切努力都不会白费。

如果一切进展顺利的话，"一针见效"最终有可能被一家大公司收购，这样就可以保证我们具有足够的资源，同时，我们可以从只关注脑膜炎转型为一家关注各种流行病的防疫公司。

实话实说，在整个的创业过程中，我们一直都心怀恐惧，因为尽管我们都十分努力，但是依然无法确知从长远看我们的工作是否会取得积极的成效。我知道团队中的每个人都有这种不确定感。但是不管怎样，整个创业过程教会我们的已经足够多了，这绝不是用金钱可以计算的。一路走来，我们的各种体验已经足以改变我们的整个人生。我早已不再只是医学院的预科生。我对于在更大范围内帮助他人充满热情。我衷心希望"一针见效"能够一步步发展壮大，为社区提供其他组织所无法提供的医疗服务，并作为一项传统代代相传。

布雷克，我在这里要衷心地说一声"谢谢"。感谢你给我这么大的启发，使我有机会尽自己所能为世界的改善做出贡献。

好多人都会问我当初为什么要创办 TOMS。说实话，这么多年来，我的目标一直有所变化。刚开始创业的时候，我的目标很简单，就是想创办一家营利企业来帮助那些因为没有鞋穿而遭受痛苦的孩子们。当然，直到现在这也是推动我和公司员工努力工作的动力之一。

　　但是最近，我的想法有所变化，如果你现在问我同样的问题，我的答案会不太一样。我会说，我最想做的是鼓励别人走出去干点儿什么来产生积极的社会效果。如果能启发他们开创一项能够改善世界的事业，那就最好不过了。不管他们创建的是一家营利公司还是公益组织。我有一种强烈的责任感，想把自己在创办 TOMS 过程中所学到的一切分享出去，这样就会有更多的人得到启发，而开创更有意义的事业。这就是为什么泰勒这封信让我如此感动，听到这样的故事，我的快乐胜过一切。

　　据我所知，泰勒的故事不是个例，还有许许多多的人受我们公司的影响而迈出了关键性的一步，他们已经不仅仅停留在想做点什么的阶段，而是踏踏实实地开始动手了，好多人都对我说他们确实想做点什么，他们也有着自己的目标，只是总感觉信心不足，或者说他们的想法没有我在当初创办 TOMS 时那么有意义。

　　我提醒他们，创办 TOMS 的想法当时只是我随手写在日记里的几句话，就像我在第五章中所写，当初的想法很简单。所以，不用担心目标不够大，不够有意义，任何一家大公司当初都是由一个简单想法催生的。

我在书中提到了很多创业者的例子，他们没有一个在当初想到自己会开创一家大公司或者一个影响力巨大的公益组织，没有谁在一开始就有这么强烈的自信，他们只是感到自己确实想做这件事，于是一冲动就做了，结果呢，大家也都看到了。

　　斯科特·哈里森（Scott Harrison）当初在"爱心船"（Mercy Ships）上过当志愿者，这段经历给了他很多灵感，于是最终创立了"上善若水"。作为粮食计划总署（the World Food Program）的代言人，劳伦·布什（Lauren Bush）同样从参与各种志愿活动中领悟颇多，这深刻地改变了她的思维方式，于是顺其自然地开创了"卖包捐粮"。

　　想要开创自己的事业，并不需要有很多钱、复杂的商业企划案，或者足够丰富的从业经验。从小处着手，即使很长时间以来依然很小也没什么不好。当然，也有可能这项事业会变得很大。还有，我从没有想过 TOMS 会占据我人生的全部，我可以同时开创几家公司，而 TOMS 只是其中之一。

　　重新读一下目录页前面那首诗吧：

　　只要知道有一个人能够畅快地呼吸，
　　只是因为你的存在，
　　这就已算成功至极。

　　我们都不是超级英雄，所以不要总想着改变世界，也不用像前面提到的肖恩·卡拉索一样去创办类似"战地哨子"的公司，或者像劳伦·布什那样发明"卖包捐粮"的包包。即使你做的事只能帮到一个人，那也足够有意义了。如果我能收到一封信，写信人只是帮了两个孩子，而如果没有 TA 的帮助，这两个孩子就远没有现在这样美好。我不会觉得这位来信者人微言轻，而会衷心向 TA 表达我的敬意。

创业中最重要的一步就是第一步。所以，抬起腿，开步走！有没有这种可能：你脑中那个若隐若现的想法其实超级好用，只要落到实处就可以帮助成千上万的人？如果你有这样的好想法，却没有勇气去付诸实践，你以后会不会有一种对世界的亏欠感？即使你的想法一般，只能帮到少数一些人，但是，如果你不去做，就连这少数几个人也没有从中受益，这是不是也算人生的缺憾？只要不去实践，就可能错失帮助别人的机会，而那些受助者也就无从知道自己本可拥有改变生活的机会。

有人告诉我，人保持健康的关键是系鞋带。有点儿摸不着头脑，是不是？他的意思是说，系鞋带意味着你已经穿上了鞋子，这就有可能说明你要去跑步。而通过跑步，你就可以保证身体健康。

这一理论同样适用于创业。穿上鞋，系好鞋带，马上出发。这看起来简单，确实是成就任何重大事业不可或缺的第一步。

实际上，迈出第一步比我们通常想象得要简单很多，而且，你会发现，这一做法会很快改变你的生活。一旦你开始帮助他人，就能明显感到各方面的变化：你会更为快乐，更为活动自如，而人生也更有目标。这可不是我的凭空想象，我已经一次次看到这种事情发生在周围人身上。

把话再说得明确一些。我的意思是，世界上任何一个人都有能力让这个世界变得更为美好。我相信，人类天生就是要互帮互助的，我们不仅有这样的责任，而且也有这样的能力。就像我们都有五种感官一样，我们生来就有能力帮助他人提高生活品质，也许可以帮助的人数不同，但即便只帮助了一个人也是好的。我们的潜力是无限的，可以让这个世界变得大不相同。所以，在本书快要结束的时候，我希望大家先把书放下，仔细想想，有什么好想法在头脑中激荡，让你的视野跃出面前小小的窗子。如果你的这些想法还有点儿模糊，那就想办法让它们慢慢清晰起来。你可以把它们在日记上写一写，或者找来亲朋好友商量一下。不要害怕自己的想法被别人知道。下定决心，一定不能让自己的想法再次被埋没。

然后，就是刚才说过的最重要的一步：付诸实施。

对我来说，本书是否成功的衡量标准不是最后卖出了多少本，而是它能够激励多少人开始着手实践自己的心中理想，然后别忘了给我写一封信。我会把大家写来的信发表在下面的网站上：www.startsomethingthatmatters.com。

时刻盼望着大家的来信

抓住时机，马上行动

布雷克

致 谢

要是我把所有在创办TOMS期间帮助过我的人列份名单的话，这份名单会和这本书一样厚。确实，TOMS的成功并不仅仅是一个创意的成功，而是一群人共同努力的结果。他们从一开始就热衷公益，而且支持"卖一捐一"的商业模式。这群人包括顾客、捐赠伙伴、零售商、实习生、大学校园里的俱乐部成员、全球发行人、销售代表、促销人员、公司董事会成员、公司的合作伙伴、协调人、编辑、乐队、公关公司，以及我的众多导师。整个团队的支持以及TOMS大家庭不知疲倦的工作，才使得几百万贫困儿童得到他们亟须的鞋子。正是因为有了你们，我当初的一个简单想法才会发展成为一家公司，而现在这几乎已经成了一种全民运动。感谢你们!

　　同样，要感谢我的那些好朋友们，过去的几年里，我不断在各地穿梭，跟每位朋友待在一起的时间都不会太长。有时候，我一走就是几个月，但是再次见面时一点儿也不会觉得生疏，这才是真正的铁哥们儿。你们的爱与支持是我的精神支柱，他和来自家人的爱与支持同样重要。这里我当然要感谢家人，我的父母迈克（Mike）和帕姆（Pam），我的弟弟泰勒（Tyler），我的妹妹佩吉（Paige），他们在我犹豫不决时给了我信心，让我逐渐相信自己的疯狂想法有可能奏效。佩吉曾经帮助我设计了公司标志，泰勒很早就被我拉来当实习生，你们从一开始就全身心地投入了 TOMS 事业，这是你们给我最珍贵的礼物。

　　感谢阿雷胡·尼提（Alejo Nitti）。你本来是马球教练，后来在我们公司改行当了会计，然后又成了一个制鞋匠，不管怎样，你从始至终相信我这个当初听起来极度疯狂的主意，而且步步跟随，不离不弃。感谢阿雷胡的父母里卡多·尼提（Ricardo Nitti）和希尔达·卡佩罗（Hilda Capello），还有他的妻子娜塔莉亚（Natalia），以及 TOMS 位于阿根廷的整个团队。你们时刻需要忍受我那半生不熟的西班牙语，而且完全把我看成了你们的家人，没有你们的爱与慷慨，公司的发展根本不可能实现。

　　我还要感谢兰登书屋（Random House）所有帮助过我的人，特别是辛迪·施皮格尔（Cindy Spiegel）、朱莉·格劳（Julie Grau）、阿韦代·巴什拉德（Avideh Bashirrad），还有无比强大的本书编辑克瑞斯·杰克森（Chris Jackson）。另外，要感谢在兰登书屋童书部（Random House Children's Books）工作的奇普·吉布森（Chip Gibson）以及在公益部分（Random House Corporate Giving）工作的米兰妮·法伦豪司卡（Melanie Fallonhouska），他们为本书的"卖一捐一"活动提供了巨大的便利。同样感谢我的经纪人大卫·韦格里阿诺（David Vigliano）。还有，感谢亚当·考恩（Adam Korn），是你带着我拜访了那么多家大名鼎鼎的出版社。还要感谢在本书中提到的每一位创业人士，你们开创的机构或者企业不仅大大改善了这个世界，而且给我带来了无穷的灵感。另外还要感谢我们公司的杰伊克·司特龙（Jake Strom）是你不断地进行研究开创了各种创意活动和创意风暴，还要感谢坎迪思·沃夫司文扣（Candice Wolfswinkel），是你参与了本书的编辑，而且你的善心也无人可及。

吉恩·思东（Gene Stone）参与了本书的写作，过去几年里他和我亦师亦友。当初我们是在吃早餐时偶然遇到的。吉恩，你不会想到此后你在公司中会发挥这么大的作用吧，感谢你为公司所做的一切。

最后感谢全世界几百万的 TOMS 拥趸，正是你们将"卖一捐一"这项活动不断推广，正是你们通过一双一双的购买 TOMS，使我们的事业不断向前。